DU MALI DE LA SURVIE AU MALI PRODUCTIF

PRODUIRE, TRANSFORMER
ET GOUVERNER L'ÉCONOMIE RÉELLE

Khalid DEMBÉLÉ

DU MALI DE LA SURVIE AU MALI PRODUCTIF

PRODUIRE, TRANSFORMER ET GOUVERNER L'ÉCONOMIE RÉELLE

Préface du Pr Issoufou SOUMAILA MOULEYE

Postface du Pr Zakari Yaou KAKA

L'Harmattan
Mali

ACI2000 Bamako - Immeuble Jean-Marie CISSE - Bureau 10
Tél. : +223 76 43 00 66 /+223 66 89 33 72
www.harmattanmali.com

Couverture et mise en page : Coco Joyce

ISBN : 978-2-336-60282-0

EAN : 9782336602820

« La dépendance alimentaire externalise la souveraineté et fragilise l'économie. » Khalid D.

DÉDICACE

À ma Mère.
Allah t'a choisie comme cause, et moi comme dépôt.
Par ta patience et tes prières, tu as fait de l'épreuve une élévation.
Avant l'économie des chiffres, tu m'as transmis l'économie des valeurs.
Ce livre est la continuité silencieuse de ton enseignement.
Qu'Allah te récompense au-delà de toute mesure.

Ton fils, Khalid.

POURQUOI CE LIVRE ?

Le Mali est fréquemment analysé à travers une succession de crises sécuritaire, politique, institutionnelle, humanitaire abondamment documentées par les partenaires techniques et financiers, les organisations internationales et la littérature académique. Ces travaux ont permis d'identifier les fragilités de l'État et les vulnérabilités sociales du pays. Ils ont cependant laissé en suspens une question centrale, rarement abordée de manière systémique : pourquoi l'économie malienne demeure-t-elle durablement enfermée dans une logique de survie, malgré l'importance de ses ressources naturelles, humaines et territoriales ?

Ce livre part d'un constat fondamental : le problème du Mali n'est pas l'absence de potentiel, mais l'incapacité structurelle à transformer ce potentiel en valeur productive, en emplois durables et en prospérité partagée. Depuis plusieurs décennies, l'économie malienne fonctionne principalement comme une économie de subsistance élargie, faiblement industrialisée, dépendante des importations et vulnérable aux chocs exogènes. Cette situation ne relève ni du hasard ni d'une fatalité géographique ; elle résulte de choix institutionnels, de défaillances de gouvernance et d'un modèle de développement centré sur la gestion de l'urgence plutôt que sur la transformation structurelle.

L'ambition de cet ouvrage est de déplacer le cadre d'analyse. Il ne s'agit ni d'un rapport sectoriel supplémentaire, ni d'un document technocratique de recommandations standardisées, ni d'un essai militant. Ce livre propose une lecture intégrée de l'économie réelle malienne, articulée autour de trois dimensions indissociables : produire, transformer et gouverner. Produire, parce que la base productive agricole, pastorale, minière et industrielle constitue le socle de toute trajectoire de développement. Transformer, parce que la création de valeur et la souveraineté économique reposent sur l'industrialisation, le contenu local et l'intégration des chaînes de valeur. Gouverner, enfin, parce que sans institutions crédibles, sans politiques publiques cohérentes et sans cadres incitatifs efficaces, aucune transformation productive durable n'est possible.

Ce livre se distingue des analyses existantes par son ancrage empirique dans les secteurs concrets de l'économie malienne lait, viande, coton, or, énergie, industrie manufacturière, finance, économie informelle et capital humain tout en les inscrivant dans une réflexion transversale sur les institutions et les choix stratégiques de développement. Il met en évidence les mécanismes par lesquels une économie riche en ressources peut rester prisonnière d'un équilibre de faible productivité, et analyse les conditions nécessaires pour opérer le passage d'un Mali de la survie à un Mali productif.

L'ouvrage s'adresse prioritairement aux décideurs publics, aux parlementaires, aux cadres de l'administration, aux chercheurs et aux étudiants avancés, mais également à l'ensemble des acteurs soucieux des fondements économiques de la souveraineté et de la stabilité du Mali. Son objectif n'est pas de proposer des solutions simplistes ou des recettes universelles, mais de clarifier les termes du débat économique, d'identifier les verrous structurels et de dégager des trajectoires de transformation réalistes, compatibles avec les contraintes politiques, institutionnelles et sociales du pays.

Ce livre se veut à la fois un outil de compréhension, un cadre d'analyse et une invitation au choix collectif. Car la question n'est plus de savoir si le Mali dispose des ressources nécessaires pour se transformer, mais s'il est prêt à assumer les décisions économiques, institutionnelles et politiques qu'exige le passage à une économie productive.

REMERCIEMENTS

Un travail de recherche, surtout lorsqu'il se veut transversal, exigeant et ancré dans les réalités économiques et institutionnelles d'un pays, n'est jamais l'œuvre d'un seul esprit. Il est le produit d'un cheminement intellectuel nourri d'héritages, de rencontres, de dialogues, de soutiens visibles et invisibles. Cet ouvrage s'inscrit pleinement dans cette logique.

Je tiens, à rendre un hommage profond et respectueux à mes Pères, feu Tahirou dit N'Koro, Lamine dit Béré et Mamoutou. Leur vie, marquée par la préservation de la dignité, la sobriété et le sens du devoir, a façonné ma compréhension du monde, de l'effort et de la responsabilité. Bien avant les concepts économiques, ils m'ont transmis le respect du travail bien fait, la valeur de la parole donnée et l'exigence morale face aux défis de la vie. À travers eux, c'est toute la famille DEMBÉLÉ que je remercie, pour la continuité des valeurs, la solidarité discrète et la force silencieuse qui soutiennent toute entreprise humaine durable.

Je souhaite exprimer ma reconnaissance à l'ensemble des membres de la famille Institut Supérieur des Techniques Économiques Comptables et Commerciales (INTEC SUP), qui ont constitué un espace intellectuel stimulant, fait d'échanges, de confrontations d'idées et d'apprentissage collectif. Ce cadre m'a permis de consolider mes méthodes, d'affiner mes analyses et de renforcer mon exigence scientifique. Dans un contexte où la rigueur académique est souvent mise à l'épreuve, cet environnement truffé d'intellectuels (personnel administratif, enseignants, étudiants) pugnaces a été un levier déterminant de maturation intellectuelle et professionnelle. Merci au collègue et l'aine, Salif M Coulibaly pour sa relecture rigoureuse et précieuse qui a amélioré la qualité rédactionnelle de cet ouvrage. Ma gratitude va également à Kadidiatou Sidibé, dont la présence fidèle, la loyauté sincère et la complicité naturelle ont constitué, au fil du temps, un appui précieux et profondément humain.

Je tiens à remercier tout particulièrement Ousmane Traoré et Chamssoudine Thienta, dont les contributions ont étés déterminantes dans la mobilisation, la structuration et la fiabilisation des données utilisées dans cet ouvrage. Leur engagement, leur patience et leur sens de la précision ont permis de renforcer la solidité empirique des analyses proposées. Dans un contexte malien marqué par des contraintes d'accès à l'information statistique, leur travail rigoureux a constitué un appui scientifique majeur, sans lequel plusieurs développements sectoriels n'auraient pu atteindre le niveau de profondeur requis.

Merci à tous les amoureux du savoir, chercheurs, étudiants, praticiens et décideurs, convaincus que l'analyse économique ne doit jamais être déconnectée des réalités sociales, institutionnelles et humaines, qui liront cet ouvrage. À celles et ceux qui pensent que la production intellectuelle est un acte de responsabilité envers la société, vous avez ma gratitude.

Enfin, je souhaite exprimer, avec une émotion profonde, ma reconnaissance à mon épouse et à mes enfants. Leur amour, leur patience et leur présence discrète ont été mon refuge tout au long de ce travail. Ils ont accepté les absences, supporté les silences, partagé les incertitudes et les fatigues que la recherche impose. Dans les moments de doute comme dans ceux de clarté, ils ont été une source constante d'équilibre et de force. Cet ouvrage porte aussi la trace de leur générosité et de leur confiance.

Que ces remerciements traduisent, avec humilité, la reconnaissance d'un chercheur conscient que la connaissance est toujours une construction collective, et que toute production intellectuelle durable repose autant sur la rigueur scientifique que sur la qualité des liens humains qui la rendent possible.

PRÉFACE

Cette œuvre s'inscrit dans un moment charnière de l'histoire économique du Mali et plus largement de l'Afrique de l'Ouest. Depuis deux décennies, l'espace sahélien vit l'entrecroisement brutal de chocs économiques, sécuritaires, climatiques et démographiques qui reconfigurent en profondeur les capacités productives et la soutenabilité des trajectoires de développement. Alors que les perspectives de croissance mondiale demeurent fragiles (FMI, 2023), les pays africains sont confrontés à une double exigence : accélérer la transformation structurelle (1) tout en préservant la résilience sociale et environnementale (2). Cet ouvrage y répond, avec une ambition d'offrir une lecture intégrée, rigoureuse, intersectorielle fondée sur l'évidence, et une exigence encore trop rare dans les productions analytiques consacrées aux économies africaines.

Les travaux menés par l'auteur proposent une synthèse remarquable. Une articulation cohérente de neuf chapitres structurants, couvrant les secteurs productifs, les infrastructures, la finance, l'informalité et le capital humain, le tout appuyé sur une mobilisation exemplaire de sources statistiques nationales, régionales et internationales. Rares sont les ouvrages Maliens contemporains qui réalisent ce niveau d'intégration analytique et ce souci de rigueur méthodologique.

La capacité à relier structure économique et structure institutionnelle dans la tradition de (North, 1990), (Acemoglu & Robinson, 2012) ou encore (Evans, 1995), montre que les trajectoires économiques maliennes ne peuvent être comprises sans un examen rigoureux des institutions qui encadrent les marchés, de la qualité de la gouvernance publique, des incitations qui pèsent sur les acteurs productifs et des capacités de l'État à fournir les biens publics essentiels. Cette grille de lecture irrigue l'ensemble des chapitres, qu'il s'agisse des mines et du contenu local, de l'énergie et des infrastructures, des chaînes de valeur agro-industrielles, ou encore des marchés financiers et de l'inclusion bancaire.

L'approche mêlant économie institutionnelle, analyse sectorielle et prospective fait écho à la littérature récente sur la transformation structurelle africaine (Newman, et al., 2016) ; (Page & Tarp, 2020)). Elle positionne le Mali non comme une exception, mais comme un cas révélateur des défis africains contemporains.

Les chapitres sectoriels, viande et pastoralisme, coton et agro-textile, mines, énergie, industrie manufacturière, finance, informel, éducation sont systématiquement construits sur des séries statistiques officielles (INSTAT, BM, FAO, FMI, BCEAO), des données sectorielles consolidées (CMDT, EDM-SA, Ministère des Mines), des benchmarks régionaux (CEDEAO, UEMOA, UA, BAD), des références scientifiques de premier plan (FAO, ILO, UNIDO, Harvard CID). Cette densité empirique permet de dresser un diagnostic crédible, robuste, et conforme aux standards d'une publication académique internationale.

L'auteur parvient à mettre en lumière les contraintes qui traversent les secteurs (coûts de production, énergie, capital humain, logistique, financement, qualité réglementaire), les blocages institutionnels (faible coordination, inefficience réglementaire, déficits de gouvernance), les inerties productives (faible productivité factorielle, faible intégration industrielle, dépendance extérieure) et les vulnérabilités climatiques et sécuritaires.

L'un des mérites majeurs de cet ouvrage est d'éviter les analyses fragmentées ou technocratiques. L'auteur adopte une perspective systémique, inspirée des travaux de (Lewis, 1954), (Kuznets, 1971), (Rodrik D. , 2011) ou encore (Margaret S. McMillan & Harttgen, 2014), en montrant qu'aucun secteur ne peut se transformer isolément. L'industrie dépend de l'énergie, du transport et du financement, l'agriculture dépend des infrastructures, de la recherche, du marché régional, le capital humain conditionne la transformation de toutes les chaînes de valeur, et la gouvernance est le liant qui détermine l'efficacité globale. Cette démarche intégrative rejoint les approches de development systems thinking promues par la (BM, 2020), (UNIDO , 2022) ou la Commission économique pour l'Afrique (CEA, 2016).

La force du texte est également politique au sens noble du terme. L'auteur n'élude pas les responsabilités, ne se contente pas de constats descriptifs, mais assume une posture critique et constructive vis-à-vis des défaillances institutionnelles qui ont compromis la transformation industrielle, des contradictions entre politiques sectorielles, de la faiblesse des capacités étatiques, des blocages endogènes au secteur privé et de l'écart entre discours et mise en œuvre. Ce ton engagé, mais toujours rigoureux, rappelle l'approche de (Stiglitz, 2002) ou (Chang, 2011) sur l'économie politique du développement.

Cet ouvrage deviendra sans aucun doute une référence pour les décideurs publics cherchant des politiques fondées sur des preuves ; les parlementaires travaillant sur les lois d'orientation sectorielles ; les bailleurs de fonds et partenaires techniques ; les chercheurs en économie du développement, institutions et productivité ; les écoles d'ingénieurs, d'agronomie et de gestion ; les organisations professionnelles (agriculteurs, industriels, PMEs) ; les jeunes chercheurs Maliens cherchant un cadre analytique solide. Il relie sciences économiques, analyse institutionnelle, économie sectorielle, prospective et politiques publiques, un ensemble devenu rare dans les travaux nationaux.

Dans un contexte où la production de connaissances africaines reste limitée, où la plupart des analyses sur les économies du continent proviennent d'institutions extérieures, cet ouvrage incarne une avancée importante, un effort intellectuel endogène, structuré, méthodologiquement solide, ancré dans les réalités locales, mais dialoguant avec la science économique internationale. Il s'agit là d'un acte intellectuel essentiel pour construire la souveraineté économique du Mali et de l'Afrique de l'Ouest. Comme le rappelle (Amin, 2010) « la transformation structurelle est impossible sans une transformation de la pensée économique elle-même ».

Ce livre y contribue pleinement.

M. Issoufou SOUMAILA MOULEYE

Maitre de Conférences Agrégé des Universités (Sciences Économiques) - CAMES

SOMMAIRE

PARTIE I :
SECTEURS PRODUCTIFS ET DYNAMIQUES RURALES 33

CHAPITRE 1 :
L'ÉCONOMIE LAITIÈRE 35

CHAPITRE 2 : LE SECTEUR DE LA VIANDE ET LES SYSTÈMES PASTORAUX 55

CHAPITRE 3 : LA FILIÈRE COTON ET L'INDUSTRIE AGRO-TEXTILE 79

PARTIE II : SECTEURS STRATÉGIQUES, INFRASTRUCTURES ET INDUSTRIALISATION 105

CHAPITRE 4 : LE SECTEUR AURIFÈRE ET LE CONTENU LOCAL 107

CHAPITRE 5 : LE SECTEUR DE L'ÉNERGIE, ACCÈS, GOUVERNANCE ET TRANSITION 133

CHAPITRE 6 : INDUSTRIE MANUFACTURIÈRE ET INFRASTRUCTURES DE COMPÉTITIVITÉ 155

PARTIE III : FINANCEMENT, CAPITAL HUMAIN ET TRANSFORMATION STRUCTURELLE 181

CHAPITRE 7 : BANQUE, FINANCE ET INCLUSION FINANCIÈRE 183

CHAPITRE 8 : LE SECTEUR INFORMEL, DYNAMIQUES ET PRODUCTIVITÉ 209

CHAPITRE 9 : ÉCONOMIE DE L'ÉDUCATION ET PERSPECTIVES DE TRANSFORMATION 235

CONCLUSION 261

LISTE DES SIGLES, ACRONYMES ET ABRÉVIATIONS

Sigle	Intitulé
AFDB / BAD	African Development Bank / Banque Africaine de Développement
AFOVERT	Briquettes combustibles écologiques (Mali)
AER-Mali	Agence des Énergies Renouvelables du Mali
AMANORM	Agence Malienne de Normalisation et de Promotion de la Qualité
AMADER	Agence Malienne pour le Développement de l'Énergie Domestique et de l'Électrification Rurale
ANADEB	Agence Nationale de Développement des Biocarburants
API-Mali	Agence pour la Promotion des Investissements du Mali
ARDL	Auto-Regressive Distributed Lag
AU	African Union / Union Africaine
BAD	Banque Africaine de Développement
BCEAO	Banque Centrale des États de l'Afrique de l'Ouest
BM	Banque Mondiale
BTP	Bâtiment et Travaux Publics
CAMES	Conseil Africain et Malgache pour l'Enseignement Supérieur
CEDEAO / ECOWAS	Communauté Économique des États de l'Afrique de l'Ouest
CMDT	Compagnie Malienne pour le Développement du Textile
CO_2	Dioxyde de carbone
CPI	Indice des Prix à la Consommation
DGI	Direction Générale des Impôts
DNEEM	Direction Nationale de l'Énergie, de l'Eau et des Mines
DNEF	Direction Nationale de l'Énergie
DTF	Donneurs Techniques et Financiers

Sigle	Intitulé
EDM-SA	Énergie du Mali – Société Anonyme
EE	Efficacité Énergétique
EPT	Enseignement et Formation Techniques et Professionnels
ESG	Environmental, Social and Governance
ETFP	Enseignement Technique et Formation Professionnelle
EU	European Union / Union Européenne
FAO	Food and Agriculture Organization
FBCF	Formation Brute de Capital Fixe
FinTech	Financial Technology
FMI / IMF	Fonds Monétaire International
GATT	General Agreement on Tariffs and Trade
GMM	Generalized Method of Moments
GVC	Global Value Chains
HFO	Heavy Fuel Oil
HIMO	Haute Intensité de Main-d'Œuvre
IEP	Intensité Énergétique Primaire
IFC	International Finance Corporation
ILO / OIT	International Labour Organization / Organisation Internationale du Travail
INSTAT	Institut National de la Statistique du Mali
IPP	Independent Power Producer
kWh	Kilowattheure
LMD	Licence – Master – Doctorat
MDGs	Millennium Development Goals
MENA	Middle East and North Africa
MWh	Mégawattheure
NDP	National Development Plan
NTIC / TIC	Technologies de l'Information et de la Communication

Sigle	Intitulé
OCDE / OECD	Organisation de Coopération et de Développement Économiques
ODD / SDGs	Objectifs de Développement Durable
OMVG	Organisation pour la Mise en Valeur du fleuve Gambie
OMVS	Organisation pour la Mise en Valeur du fleuve Sénégal
PAAR	Projet d'Amélioration de l'Accessibilité Rurale
PDEF	Programme Décennal de Développement de l'Éducation
PE	Protection de l'Environnement
PIB / GDP	Produit Intérieur Brut
PMG	Panel Mean Group
PME / MSMEs	Petites et Moyennes Entreprises
PNTITD	Politique Nationale des Transports, Infrastructures de Transport et Désenclavement
PPP	Partenariat Public-Privé
QHSE	Qualité, Hygiène, Sécurité, Environnement
R&D	Recherche et Développement
REP	Revue d'Économie Politique
SDG	Sustainable Development Goals
SME	Small and Medium-sized Enterprises
SSA	Sub-Saharan Africa
TVA	Taxe sur la Valeur Ajoutée
UEMOA / WAEMU	Union Économique et Monétaire Ouest-Africaine
UN	United Nations / Nations Unies
UNECA	United Nations Economic Commission for Africa
UNDP / PNUD	Programme des Nations Unies pour le Développement
UNESCO	United Nations Educational, Scientific and Cultural Organization

Sigle	Intitulé
UNIDO	United Nations Industrial Development Organization
VAR	Vector AutoRegression
VECM	Vector Error Correction Model
ZLECAf / AfCFTA	Zone de Libre-Échange Continentale Africaine

TABLE DES ILLUSTRATIONS

Tableau 1: Rendements moyens (litres/vache/jour) par zone, 2024... 40
Tableau 2 : Performance économiques 81
Tableau 3 : Comparaison régionale et internationale 90
Tableau 4 : Principales compagnies actives (2024–2025)................. 108
Tableau 5 : Production industrielle totale (Mali, 2018–2024).......... 108
Tableau 6 : Principaux barrages hydroélectriques :.......................... 134
Tableau 7 : Principales centrales thermiques (≥ 10 MW) 135
Tableau 8 : Principaux projets solaires en exploitation ou en développement : 136
Tableau 9 : Tarifs subventionnés 140
Tableau 10 : Projets IPP 141
Tableau 11 : Architecture institutionnelle... 142
Tableau 12 : Normes internationales vs réalité malienne 145
Tableau 13 : Projets engagés 151
Tableau 14 : Souveraineté énergétique... 153
Tableau 15 : Comparaison africaine :... 161
Tableau 16 : Trois zones industrielles principales............................ 166
Tableau 17 : Le Mali face aux benchmarks africains 167
Tableau 18 : Système financier malien... 188
Tableau 19 : Comparé à d'autres pays :.. 203
Tableau 20 : Comparaison régionale : trois zones............................ 215
Tableau 21 : Pression fiscale 217
Tableau 22 : Niveau d'étude.. 236

INTRODUCTION

La structure productive et la qualité des institutions sont les piliers déterminants sur lesquels le devenir d'une nation se fonde. L'histoire comparée du développement de la révolution industrielle européenne aux transformations récentes de l'Asie de l'Est démontre que la croissance durable est toujours le résultat d'une articulation cohérente entre industrialisation, capital humain, innovation et gouvernance économique efficace (Acemoglu & Robinson, 2012); (Rodrik D. , 2007); (World Bank, , 2020)).

Dans cette perspective, la transformation structurelle du Mali s'inscrit dans un contexte mondial profondément recomposé par la montée en puissance des technologies numériques, la reconfiguration géoéconomique post-COVID-19, la régionalisation des chaînes de valeur, et les pressions croissantes sur les modèles productifs dues au changement climatique ((UNCTAD, 2023); (PNUD, 2022); (FMI, 2023)).

Dans un pays où l'agriculture représente encore près de 35 % du PIB, où les secteurs extractifs demeurent la principale source d'exportations, où le déficit énergétique et les faiblesses logistiques plombent la compétitivité, et où l'informel absorbe plus de 70 % de l'emploi, les enjeux sont multiples et systémiques. La présente étude s'attache à analyser ces déterminants de la transformation économique du Mali, en mobilisant les données institutionnelles (INSTAT, Banque mondiale, FMI, BAD, ILO, UNESCO), ainsi que les avancées de la recherche académique internationale sur la croissance, le capital humain, l'informalité, la gouvernance et l'économie numérique.

I. Une économie primaire dépendante en quête de diversification

Les chapitres 1, 2 et 3 mettent en évidence les limites d'un modèle économique fondé principalement sur les matières premières, coton, or, agriculture vivrière, alors même que les expériences internationales montrent que la dépendance aux produits primaires constitue un frein majeur à la croissance durable (Sachs & Warner, 1995); (Collier & Goderis, 2009)).Le secteur coton, pilier historique de l'économie malienne, illustre les difficultés d'intégration régionale, de montée en gamme industrielle et de résilience face à la volatilité mondiale ((FAO., 2022); (CMDT, 2023). De même, le secteur aurifère, malgré sa contribution majeure au PIB, demeure faiblement créateur d'emploi et peu intégré au tissu productif local ((ITIE Mali , 2023); (BM, 2022)), surtout d'emploi qualifié. Ce constat renforce l'idée défendue par la Banque africaine de développement (BAD, 2022) et l'Union africaine (Agenda, 2026) . La transformation structurelle passe par un changement profond du modèle productif, fondé sur (1) l'industrialisation, (2) la montée en valeur des chaînes agricoles et minières, (3) l'intégration régionale via la ZLECAf, (4) l'efficacité énergétique et la souveraineté énergétique.

II. L'énergie et les infrastructures : les fondations de la compétitivité et le local contenu

Les chapitres 4, 5 et 6 rappellent que la croissance économique est inextricablement liée à la disponibilité et au coût de l'énergie, mais aussi et surtout, le local contenu. Selon la (BM, 2023), le kWh malien demeure l'un des plus chers d'Afrique, conséquence des pertes techniques (>20 %), de la dépendance aux thermiques, et des déficits structurels d'EDM-SA. Or, aucune industrialisation, intégration dans les chaînes de valeur régionales, encore moins la compétitivité logistique n'est possible sans révolutionner le système énergétique (AIE, 2023) (IRENA, 2023) ; (OMVS/OMVG). Dans une économie enclavée comme le Mali, la mise à niveau logistique et la diversification énergétique constituent des conditions sine qua non pour un redéploiement industriel soutenable.

III. Finance, inclusion, informalité : trois dynamiques qui structurent l'économie réelle

Le chapitre 7 expose la structure duale du système financier malien :

- Un secteur bancaire concentré, peu inclusif,
- Une microfinance dynamique mais fragile,
- L'essor récent des FinTech et du mobile money (BCEAO, 2023) ; (GSMA, 2023).

Le coût élevé du crédit, la faiblesse des garanties, et les risques systémiques freinent l'investissement productif, en particulier celui des PMEs industrielles. Parallèlement, le chapitre 8 montre que l'économie informelle joue simultanément le rôle d'amortisseur social et de barrière à la productivité globale, à l'image des observations de (Porta & Shleifer, 2014) et de l' (ILO, 2022). Le défi est donc double :

- Formaliser sans casser les mécanismes de survie,
- Stimuler la productivité tout en élargissant l'assiette fiscale.

IV. Le capital humain : fondation de la transformation structurelle

L'analyse du chapitre 9 souligne que le Mali fait face à une crise profonde du capital humain :

- 200 000 jeunes arrivent chaque année sur le marché du travail (BM, 2022);
- Les évaluations PASEC révèlent l'un des taux d'apprentissage les plus faibles d'Afrique francophone ;
- La formation professionnelle demeure sous-financée ;
- Le système éducatif est peu aligné aux besoins des entreprises (UNESCO, 2022).

Les travaux fondateurs de (Schultz, 1961), (Becker, 1993), (Mincer, 1974), et les approches contemporaines de (Hanushek & Woessmann, 2020) démontrent que le capital humain est le premier moteur de la croissance à long terme. La transition numérique, abordée en profondeur, ouvre des opportunités inédites pour :

- L'innovation,
- La productivité,
- L'éducation numérique,
- L'émergence de nouvelles chaînes de valeur.

Elle exige un effort massif d'investissement dans les compétences (UA, 2021). Les infrastructures éducatives, numériques, ferroviaires et routières ont un rôle déterminant dans la réduction des coûts de transaction, l'intégration territoriale et la mobilité des facteurs [(Barro) (Allais)].

V. Les institutions : variable décisive de la performance économique

La littérature institutionnaliste de (North, 1990) à (Acemoglu & Robinson, 2012) soutiennent que la qualité des institutions détermine la trajectoire de croissance davantage que les ressources naturelles. Le

Mali, confronté à un défi sécuritaire majeur, illustre parfaitement cette thèse :

- Incertitude,
- Volatilité politique,
- Sous-investissement,
- Capture de l'État,
- Inefficacité des politiques publiques.

Ces dynamiques expliquent les difficultés d'industrialisation, de transformation agricole, de montée en gamme éducative, et d'absorption du chômage des jeunes. Ainsi, la transformation structurelle du pays dépend autant de ses réformes économiques que de la restauration de la capacité institutionnelle, [(FMI, 2022), (OCDE, 2022)et la (CEA-ONU, 2022)].

VI. Fil conducteur de l'ouvrage :

Les neuf chapitres articulent une vision intégrée de la transformation malienne reposant sur quatre leviers stratégiques :

- Moderniser les secteurs productifs : Coton, or, agro-industries, énergie, agriculture (chapitres 1, 2, 3, 4, 5)
- Mettre à niveau les infrastructures et les écosystèmes industriels : énergie, routes, chemin de fer, numérique, zones industrielles (chapitres 5 et 6)
- Réformer la finance, accompagner l'informel, renforcer les institutions : inclusion financière, microfinance, gouvernance, formalisation (chapitres 7 et 8)
- Investir massivement dans le capital humain : éducation, formation professionnelle, digitalisation, innovation (chapitre 9).

Cette approche systémique s'aligne sur les recommandations internationales :

- Agenda 2063 (UE, 2015)
- Objectifs de Développement Durable ONU
- Africa Industrialization Strategy BAD
- Human Capital Project Banque mondiale

Le développement du pays n'est ni un miracle espéré, ni un destin subi. Il dépend d'un ensemble de choix stratégiques, coordonnés et déterminés. Cet ouvrage mobilise les analyses sectorielles, les données institutionnelles, les théories économiques et les expériences internationales comparées pour proposer une lecture cohérente, exigeante et engagée des trajectoires possibles. Il s'agit moins de décrire l'économie malienne que de montrer comment elle peut changer.

PARTIE I :

SECTEURS PRODUCTIFS ET DYNAMIQUES RURALES

(Lait – Viande – Coton/Industrie Agro-textile)

CHAPITRE 1 :

L'ÉCONOMIE LAITIÈRE

SECTION 1 : STRUCTURE ET ORGANISATION DU SECTEUR LAITIER MALIEN

Le secteur laitier occupe une place centrale dans l'économie pastorale du Mali et constitue l'une des filières à plus fort potentiel de transformation structurelle dans l'UEMOA. En 2024, le Mali apparaît comme le premier producteur de bétail de l'Union, représentant 31,4 % du cheptel bovin total et 33 % du cheptel ovin-caprin (UEMOA, 2024). Cette capacité productive se traduit par une disponibilité annuelle estimée entre 650 et 730 millions de litres de lait selon les estimations croisées de (FAO & Rural, 2024).

Cependant, malgré cette production substantielle, moins de 5,1 % du lait est transformé dans des circuits modernes (FAO 2024). Le reste transite par des circuits informels et artisanaux, caractérisés par une forte saisonnalité, un déficit de chaîne du froid et des pertes post-production estimées à 18–30 % (IER & IER, 2023; 2024).

Cette première section présente la structuration de la filière à travers trois axes fondamentaux :

- La typologie des systèmes de production,
- Le rôle socioculturel et économique du lait,
- La configuration des acteurs qui composent la chaîne de valeur.

1. Typologies de production : traditionnelle, périurbaine, intensive

La production laitière au Mali se décline en trois modèles structurels, eux-mêmes liés à la géographie, aux modes d'élevage, aux savoir-faire pastoraux et au degré d'intégration marchande.

1.1. La production traditionnelle pastorale :

Selon (ILRI, 2024) et le (PRAPS II, 2024), 73 % de la production nationale de lait provient des systèmes pastoraux et agro-pastoraux, largement majoritaires dans les zones de :

- Mopti,
- Tombouctou,
- Gao,

- Ménaka,
- Kayes (Nord du cercle),
- Ségou (parties sahéliennes).

Ces systèmes se caractérisent par :

- Une mobilité saisonnière (transhumance),
- Un mode de gestion extensif,
- Des races robustes mais peu productives en lait (Zébu maure, Peulh, Azaouad).

La productivité moyenne des vaches en système pastoral est d'environ 1,8 à 2,5 litres/jour en saison sèche et 3,5 à 4,8 litres/jour en saison humide (IER & IER, 2023; 2024).

La résilience de ces races reste l'un des atouts majeurs pour la durabilité du système, particulièrement dans un contexte d'irrégularité climatique croissante (IPCC, 2023).

1.2. La production périurbaine semi-intensive :

Ce modèle se développe fortement autour des centres urbains, notamment :

- Bamako,
- Sikasso,
- Koulikoro,
- Ségou.

D'après la (FAO., 2022), la productivité en élevage périurbain varie de 6 à 10 litres/jour, portée par :

- L'accès aux compléments alimentaires,
- La proximité des marchés urbains,
- La possibilité d'un suivi vétérinaire,
- L'adoption progressive d'innovations (insémination, croisement génétique).

Cette forme de production est considérée par la (World Bank, , 2020) comme la plus susceptible de soutenir une industrialisation laitière dans les cinq prochaines années.

1.3. La production intensive

Pres de 2–5 %. Encore très limitée, la production intensive repose sur :

- Des races améliorées (Montbéliarde, Holstein, Girolando),
- Un élevage en stabulation moderne,
- L'utilisation d'aliments composés,
- Des techniques vétérinaires avancées.

Les rendements atteignent 15 à 22 litres/jour, selon les données (EDM-Agrobusiness Survey, 2024). Le nombre de fermes intensives au Mali reste inférieur à 200 unités (API-Mali, 2025), mais leur production augmente rapidement (+11,8 %/an depuis 2020, (IER., 2024)).

2. Le rôle socioculturel et économique du lait

Le lait occupe une place centrale dans les sociétés pastorales du Mali. Il est associé à :

2.1. Une valeur identitaire et culturelle

Dans les communautés peules, touarègues, maures et songhay, le lait est un symbole de :

- Prospérité,
- Hospitalité,
- Fertilité et pureté,
- Statut social.

Les travaux anthropologiques de (Dupire, 2020), de (Bonfiglioli, 2022) et de (Diallo, 2024) soulignent que le lait est un pilier du « capital pastoral » et un élément identitaire majeur.

2.2. Une importance nutritionnelle significative

Selon (UNICEF Régional, 2023), le lait est l'un des principaux apports de protéines, calcium et vitamines dans les zones rurales. En moyenne, il représente :

- 11 % des apports caloriques,
- 32 % des apports protéiques des enfants pastoraux.

Les produits dérivés (lait caillé, touareg « akh'irlou », beurre clarifié, fromage artisanal « tôro ») jouent un rôle capital dans la sécurité alimentaire.

2.3. Un secteur générateur de revenus

L'élevage laitier représente (FAO., 2022) :

- 18 à 22 % du revenu des ménages pastoraux,
- 11 % du PIB agricole du Mali,
- 4 à 6 % des exportations agricoles informelles (principalement sous forme de lait caillé transfrontalier).

3. Acteurs clés : producteurs, transformateurs, distributeurs, importateurs

La chaîne de valeur laitière mobilise cinq catégories d'acteurs essentiels.

3.1. Les producteurs

Ils regroupent :

- Les pasteurs transhumants,
- Les agro-pasteurs sédentarisés,
- Les éleveurs périurbains,
- Les fermes intensives.

Plus de 1,4 million de ménages dépendent directement de la production laitière (INSTAT, 2024)

3.2. Les collecteurs et coopératives

Très présents dans les zones périurbaines, mais encore peu structurés au Nord. Les coopératives féminines jouent un rôle majeur dans :

- La collecte,
- La transformation artisanale,
- La commercialisation locale (FAO, 2023)

3.3. Les transformateurs

Deux types :
- Artisanaux (93 %) : la grande majorité
- Semi-industriels et industriels (7 %) :

  - Kossam SDE,
  - MaliLait,
  - Sada Diallo Laiterie,
  - Fromageries régionales.

3.4. Les distributeurs

- Vendeuses ambulantes,
- Marchés locaux,
- Mupermarchés urbains,
- Grossistes.

3.5. Les importateurs

En 2024, le Mali a importé 40,8 millions USD de produits laitiers (COMTRADE., 2024) dont :
- 81 % de poudre de lait européenne,
- 13 % de lait infantile,
- 6 % de beurre/fromages.

L'implantation d'industries locales réduirait cette dépendance de 30 à 60 % en dix ans (BM, 2024).

SECTION 2 : PRODUCTIVITE ET TRANSFORMATION

La productivité laitière au Mali, tout comme la profondeur de la transformation, constitue l'un des principaux déterminants de la compétitivité de la filière. En 2024–2025, les analyses croisées de la (FAO., 2022), de l'International Livestock Research Institute (ILRI., 2024), de l'Institut d'Économie Rurale (IER., 2024) et des rapports de la Banque mondiale (BM, 2023-2024) montrent que les performances restent limitées par des contraintes structurelles mais que les marges d'amélioration sont considérables.

Cette section analyse :
- Les rendements par région et mode de production

- L'état de la diffusion technologique (génétique, fourrage, reproduction),
- Les modes de transformation,
- Le déficit de compétitivité face au lait importé.

1. **Rendements laitiers par région : une productivité contrastée**

La productivité laitière varie fortement selon les zones agro-écologiques, le type de race, la saisonnalité et l'accès à l'alimentation complémentaire.

Les dernières données du Ministère malien du Développement rural montrent les tendances suivantes (MDR, 2024) :

Tableau 1: Rendements moyens (litres/vache/jour) par zone, 2024

Zone	Race dominante	Saison humide	Saison sèche	Source
Sud (Sikasso, Koulikoro)	Zébu + croisées	4.5 – 6.2	2.8 – 3.4	FAO 2024
Centre (Ségou, Mopti)	Zébu Maure / Peulh	3.0 – 4.5	1.8 – 2.8	ILRI 2024
Nord (Gao, Ménaka, Tombouctou)	Zébu Azaouad, chamelle	2.2 – 3.2	1.0 – 1.8	IER 2024
Zones périurbaines	Croisées Montbéliarde/Peulh	7.0 – 10.5	6.0 – 8.0	IPR/IFRA 2024
Fermes intensives	Holstein, Montbéliarde	14 – 22	13 – 20	API-Mali 2025

Les niveaux de rendement restent très inférieurs à la moyenne mondiale :

- 24 litres/jour pour les grandes races laitières occidentales (OCDE., 2024.)
- 10–12 litres/jour dans les systèmes intensifs marocains ou tunisiens (OCDE F. , 2025-2034).

2. Diffusion technologique : fourrage, insémination, races améliorées

La technologie constitue le principal levier de transformation de la productivité. Trois axes dominent : (i) amélioration génétique, (ii) développement du fourrage et alimentation, (iii) innovations dans la reproduction.

2.1. Amélioration génétique et diversification raciale

Les analyses de (IPR/IFRA., 2024) et du (CIRAD, 2024) montrent que l'amélioration génétique du cheptel laitier progresse lentement mais régulièrement.

Les innovations récentes comprennent :
- L'introduction de la Montbéliarde via des programmes soutenus par la France,
- L'expansion du Girolando (croisement Holstein x Gir) via des partenariats brésiliens,
- L'amélioration du Zébu Peulh par croisements contrôlés,
- La stabilisation de souches hybrides (Zébu × Montbéliarde).
  Statistiques 2024 :
- 23 500 inséminations artificielles réalisées (+16 % vs 2023) (IER.2024.),
- 1 800 génisses croisées issues de programmes appuyés par la GIZ,
- 14 centres d'insémination fonctionnels dans 6 régions (FAO., 2022).

Impact sur la productivité

Les croisées améliorent les rendements par +180 à +260 % (IPR/IFRA., 2024) par rapport aux races locales.

2.2. Production fourragère : un pivot de compétitivité

L'alimentation demeure le principal facteur limitant la production laitière au Sahel (ILRI, 2024-2025). Selon (IER.2024.), 40 % de la baisse de productivité saison sèche est liée au déficit fourrager.

Surface fourragère actuelle :

- Près 70 000 hectares (CILSS, 2024)
- Pour un besoin estimé à au moins 300 000 hectares (CILSS, 2024)

Cultures fourragères performantes :
- Luzerne irriguée : 18–22 tonnes MS/ha/an,
- Sorgho fourrager : 7–10 tonnes MS/ha/an (fourrages),
- Niébé fourrager : 5–8 tonnes MS/ha.

Innovations introduites 2023–2025 :
- Pressage mobile de foin (FAO., 2022),
- Ensilage de maïs à Bamako/Sikasso,
- Introduction de variétés améliorées de luzerne.

2.3. Innovations en reproduction

Depuis 2022, le Mali bénéficie de projets régionaux visant la reproduction améliorée :

Techniques diffusées :
- Insémination artificielle,
- Synchronisation des chaleurs,
- Transplantation embryonnaire (IPR/IFRA., 2024).

Les taux de réussite :
- 48–55 % pour la synchronisation,
- 70 % pour l'insémination sur races croisées stabilisées (IPR/IFRA., 2024).

2.4. Processus de transformation : artisanal vs semi-industriel

La transformation du lait au Mali se structure encore autour du modèle artisanal. La plupart des produits laitiers consommés dans les zones urbaines sont :
- Du lait caillé local,
- Du lait frais bouilli,
- Des produits importés (poudre).

3. Transformation artisanale

Pres de 93 % (FAO., 2022),. Les caractéristiques :

- Collecte manuelle,
- Absence de contrôle sanitaire,
- Faible volume (5–80 litres/jour),
- Prédominance féminine (près 72 % des transformatrices).

3.1. Transformation semi-industrielle

Moins de 6 % (API-Mali, 2025). Unités de 500 à 2 000 litres/jour, produisant :

- Lait pasteurisé,
- Lait caillé conditionné,
- Yaourts.

3.2. Transformation industrielle

Moins de 1%. Très rares mais en croissance. Exemple : Mali Lait, UHT tests 2024. Capacités encore limitées : 10 000 à 20 000 litres/jour.

4. Le trou de compétitivité face au lait en poudre importé

4.1. Le prix du lait en poudre : un adversaire structurel

D'après (Eurostat, 2024) :

- Le lait en poudre européen est subventionné de façon indirecte par la PAC,
- Ce qui réduit son prix d'exportation de 30 à 45 %.

Prix importé à Bamako (2024) : 1 850 – 2 250 FCFA/litre reconstitué (COMTRADE., 2024).

4.2. Le coût du lait local

Coût de collecte : 200–350 FCFA/litre. Transformation : 150–250 FCFA. Transport : 100–200 FCFA. Conditionnement : 80–140 FCFA

- Coût total local : 650–900 FCFA/litre brut
- Prix consommateur final : 900–1 300 FCFA/litre
- Le lait local est compétitif, mais la saisonnalité et les pertes augmentent le prix moyen.

4.3. Impact sur la production nationale

Selon la (FAO, 2024), les importations représentent :

- 40 % de la consommation urbaine,
- 65 % de la consommation industrielle,

- 95 % pour les laits infantiles.

Au regard de ces statistiques, le « trou de compétitivité » n'est pas structurel au Mali. Il résulte de l'absence d'infrastructures industrielles, plutôt qu'une faiblesse naturelle de la filière.

SECTION 3 : CONTRAINTES MAJEURES DE LA FILIERE LAITIERE AU MALI

Le potentiel laitier du Mali est immense, mais sa matérialisation économique demeure freinée par un ensemble de contraintes structurelles. Ces blocages sont largement documentés dans les rapports de la (FAO., 2022) , de (ILRI., 2024), de (UEMOA, 2024), de (BM, 2023-2024), de (API-Mali, 2025) et des rapports conjoints (IER & IER, 2023; 2024). Les contraintes se regroupent autour de quatre axes :
- Infrastructures et logistique,
- Normes et sanitaires,
- Financement et risques,
- Gouvernance territoriale et organisation de la chaîne.

1. Infrastructures : routes, froid, centres de collecte

Les infrastructures constituent le premier frein au développement compétitif de la filière laitière malienne.

1.1. Routes et accessibilité

Selon le Ministère des Transports, seuls 28 % des axes ruraux sont en bon état, et près de 42 % sont difficilement praticables en saison pluvieuse (Transports, 2024). Cette situation a plusieurs conséquences :
- Forte perte de lait en zone rurale (+18 % de pertes en saison des pluies (FAO., 2022)),
- Difficultés à acheminer la production vers les centres urbains,
- Coûts élevés du transport (jusqu'à +60 % par rapport à la moyenne CEDEAO, (BCEAO, 2024),
- Faible attractivité pour les investisseurs industriels.

Impact sur la collecte :

Les zones les plus productives comme Mopti, Tombouctou ou Gao disposent de moins de 5 centres de collecte formalisés (IER., 2024

), malgré une production potentielle excédant 150 millions de litres par an.

1.2. Chaîne du froid inexistante ou insuffisante

La chaîne du froid est quasi inexistante sur 85 % du territoire (FAO., 2022).

Conséquences documentées :
- 23–30 % de pertes post-collecte en saison chaude,
- Fermentation précoce du lait,
- Impossibilité de fournir des industriels en lait de qualité stable,
- Incapacité à produire du lait UHT en continu.

Données 2024 : équipements de froid
- Moins de 70 tanks à lait fonctionnels dans tout le pays (API-Mali, 2025),
- Seulement 40 camions frigorifiques enregistrés (MC, 2024),
- Coopératives féminines disposant de seulement 6 % des équipements requis (FAO, 2024).

Le Mali est en retard de près de 15 ans sur la moyenne CEDEAO en matière de chaîne du froid (CILSS, 2024).

1.3. Déficit de centres de collecte laitière

Selon le rapport (API-Mali, 2025):
- Le pays aurait besoin de 350 centres de collecte,
- Alors qu'il en existe moins de 40 fonctionnels,
- Dont seulement 15 équipés d'un tank réfrigéré.

Ce déficit empêche la structuration d'un flux laitier régulier, condition sine qua non de l'industrialisation.

2. Contraintes sanitaires : absence de normes, insuffisance de laboratoires

La dimension sanitaire représente une contrainte majeure dans le développement des produits laitiers modernes.

2.1. Absence de normes harmonisées

Les produits laitiers locaux sont rarement testés selon les standards internationaux (FAO/OMS, 2024). Cela affecte :

- La qualité microbiologique,
- La durée de conservation,
- L'accès aux marchés UEMOA,
- La confiance des consommateurs urbains.

En 2024, seuls 8 % des produits laitiers vendus à Bamako passeraient un test complet selon le Codex (LCV., 2024.).

2.2. Insuffisance et saturation des laboratoires

Le Mali dispose de trois institutions majeures :

- LCV (Laboratoire Central Vétérinaire),
- IER,
- IPR/IFRA.

Cependant :

- Le LCV manque d'équipements modernes de chromatographie,
- Les tests bactériologiques sont saturés pendant la saison humide,
- Les régions du Nord n'ont aucun laboratoire opérationnel,
- Les délais d'analyse peuvent atteindre 7 à 14 jours.

Les normes HACCP et ISO 22000 sont très peu répandues dans les mini-laiteries.

2.3. Risques sanitaires spécifiques

Le manque de contrôle entraîne des risques :

- Brucellose bovine,
- Salmonellose,
- Contamination fécale,
- Présence de mycotoxines dues aux aliments humides en saison pluvieuse.

Ces risques créent une méfiance urbaine et un frein majeur aux exportations régionales (CILSS, 2024).

3. Financement insuffisant et risques élevés

Le financement constitue une contrainte majeure signalée par :

- (BCEAO, 2024),
- (BM, 2023),
- (FMI , 2024),
- (API-Mali, 2025).

3.1. Sous-financement chronique du secteur

Le crédit agricole représente en 2024 :

- 3,8 % du portefeuille bancaire national,
- Contre 7–12 % dans les pays émergents comparables (OCDE, 2024)

Taux d'intérêt

- Entreprises agro-industrielles : 10 à 14 %,
- Petits producteurs : 12 à 18 % (BCEAO, 2024).

3.2. Perception des risques par les banques

Les banques maliennes considèrent la filière laitière comme :

- Risquée,
- Saisonnière,
- Informelle,
- Dépendante des aléas climatiques.

Les garanties exigées sont souvent impossibles à fournir par les coopératives ou éleveurs.

3.3. Manque de mécanismes de financement spécialisés

Contrairement au Kenya, au Maroc ou à l'Inde, le Mali ne dispose pas encore de :

- Fonds laitiers dédiés,
- Fonds de garantie sectoriels,
- Lignes de crédit à long terme pour agro-industrie.

Le Projet (PIDAS, 2024) propose d'introduire un mécanisme de garantie de crédit laiterie, mais il demeure embryonnaire.

4. Gouvernance territoriale et organisation de la chaîne

Le dernier ensemble de contraintes concerne la gouvernance du secteur.

4.1. Faible coordination entre acteurs

Les diagnostics de (IER., 2024) montrent :

- Une absence de plateformes régionales lait,
- Une faible interconnexion productrice–collecteurs–transformateurs,
- Des conflits d'intérêts entre les éleveurs transhumants et les agro-éleveurs stabilisés,
- Une fragmentation des acteurs féminins.

4.2. Faiblesse de la gouvernance territoriale

Les collectivités territoriales, depuis la décentralisation, ont reçu la compétence de :

- Gestion des pistes pastorales,
- Développement des marchés à bétail,
- Entretien des points d'eau,
- Régulation foncière.

Mais :

- Le financement local est très faible (moins de 2 % des budgets locaux (DNCT, 2024),
- Les communes rurales manquent de techniciens spécialisés,
- La cartographie pastorale n'a pas été actualisée depuis 2016.

4.3. Instabilité et insécurité dans certaines zones

Selon le (PNUD, 2022), 37 % des zones pastorales ont été affectées par des tensions sécuritaires entre 2020 et 2024.

Cela affecte :

- La mobilité du bétail,
- La collecte du lait,
- Le fonctionnement des marchés.

4.4. Pression sur les ressources naturelles

Le changement climatique affecte fortement la filière :

- Baisse du rendement fourrager de 12 % depuis 2010 (ILRI, 2024-2025) ;
- Assèchement ou détérioration de certains points d'eau,
- Compétition accrue entre agriculture et pastoral.

SECTION 4 : POLITIQUES PUBLIQUES ET PERSPECTIVES DE DEVELOPPEMENT DE LA FILIERE LAITIERE AU MALI

Si les contraintes de la filière laitière malienne sont importantes, les opportunités de transformation sont tout aussi considérables. Les politiques publiques mises en œuvre depuis deux décennies, notamment à travers la Loi d'Orientation Agricole (LOA), les stratégies sectorielles ((PNISA, 2025), (PSRSA, 2023–2030)), les investissements du (PRAPS, 2023-2028) , ainsi que les programmes du LCV, de l'IER, de l'IPR/IFRA, de la FAO et de la GIZ constituent des bases solides pour une modernisation progressive de la filière. Cette section analyse :

- Les stratégies nationales actuelles,
- L'intégration possible dans l'agro-industrie nationale,
- Les opportunités offertes par la ZLECAf,
- La perspective d'autosuffisance laitière à l'horizon 2035.

1. Stratégies nationales de modernisation de la filière laitière

Depuis 2010, l'État malien a inscrit la filière lait dans les priorités nationales. Plusieurs interventions clés structurent la vision publique.

1.1. La Loi d'Orientation Agricole (LOA)

Révisée en 2021, la LOA constitue le cadre fondamental des politiques agricoles (LOA, 2021). Elle vise :

- La sécurité alimentaire,
- La souveraineté nutritionnelle,
- La promotion des chaînes de valeur agro-industrielles,
- La sécurisation foncière pour les investissements agro-pastoraux,
- La modernisation de l'élevage.

Articles pertinents pour la filière lait :

- Obligation de territorialiser la gestion des points d'eau,
- Promotion des centres de collecte laitière,
- Incitations fiscales pour l'agro-industrie,
- Encouragement des accords public-privé (PPP),
- Protection des ressources pastorales.

1.2. Le Programme National d'Investissement Agricole

Le (PNISA, 2025) octroie plus de 22 % de son budget au développement de l'élevage (MOFA, 2024).

Objectifs 2024–2025 pour la filière lait :

- Création de 55 centres de collecte supplémentaires,
- Réhabilitation de 180 points d'eau pastoraux,
- Distribution de 12 000 kits fourragers,
- Financement de 30 mini-laiteries artisanales.

1.3. Le Projet Régional pour l'Appui au Pastoralisme

Financé par la Banque mondiale, le (PRAPS II, 2024) prévoit pour le Mali :

- Moderniser 25 infrastructures vétérinaires,
- Renforcer les services d'insémination,
- Sécuriser 2 500 km de couloirs de transhumance,
- Former 3 500 pasteurs en gestion fourragère,
- Améliorer le suivi zootechnique.

1.4. Appui aux infrastructures agro-industrielles

L'État, en collaboration avec la (BAD, 2024), la (BOAD, 2023), la (BADEA, 2022) et le (FIDA, 2024), appuie :

- La construction de mini-laiteries,
- Les unités semi-industrielles régionales,
- La promotion de technologies UHT.

Les projets prioritaires 2024–2026 incluent :

- L'unité laitière moderne de Sikasso (prévue 2025),
- La plateforme de transformation de Koulikoro,
- Les coopératives féminines de Bamako-Sud.

2. Intégration dans l'agro-industrie nationale

La transformation locale du lait est essentielle pour réduire la dépendance aux importations et créer un marché domestique compétitif.

2.1. Développement de la transformation artisanale améliorée

Les mini-laiteries artisanales, si elles sont modernisées, peuvent devenir de véritables pôles de valeur ajoutée. Selon la (AVSF, 2023) , une mini-laiterie équipée peut :

- Réduire la perte de lait de 30 % à 5 %,
- Produire 8 types de dérivés (yaourt, beurre, fromage, crème, lait caillé, ghee),
- Atteindre une rentabilité en 24–36 mois.

Le gouvernement propose un programme d'équipement de 250 unités dans les communes rurales (Pêche).

2.2. Unités semi-industrielles et UHT

Les unités semi-industrielles (500–2 000 litres/jour) sont stratégiques (AVSF, 2023) :

- Elles structurent les bassins laitiers,
- Elles stabilisent l'offre,
- Elles réduisent la saisonnalité.

Les projets UHT pilotes de Mali Lait et KOSSAM (SDE, 2024-2025) montrent que :

- Un litre UHT local peut être produit à 450–650 FCFA,
- Compétitif face à la poudre importée.

2.3. Développement des chaînes de valeur intégrée

Les industries du lait s'intègrent naturellement avec :

- La filière fourrage (sorgho, luzerne, niébé),
- La filière coton (tourteau de coton pour l'alimentation),
- L'industrie plastique (emballages),
- Les infrastructures frigorifiques.

Un modèle intégré 2024–2025 pourrait capter :

- 30–45 % du marché national en 5 ans,
- Les marchés sénégalais, ivoiriens et nigériens en 7–10 ans.

2.4. Développement du lait de chamelle : un créneau premium

Les zones nord (Gao, Ménaka, Tombouctou) détiennent un potentiel unique. Le lait de chamelle bénéficie d'une demande croissante en :

- Médecine alternative,
- Produits diététiques,
- Exportations vers le Maghreb et le Golfe.

En 2024, le prix moyen du litre était entre 600-800 FCFA, ce qui traduit une croissance de la demande (ICARDA, 2020)

3. Opportunités offertes par la ZLECAf

Depuis janvier 2021, la Zone de Libre-Échange Continentale Africaine (ZLECAf) offre un cadre stratégique majeur (UE, 2021).

3.1. Un marché continental de 1,4 milliard de consommateurs

La demande en produits laitiers est en forte expansion en Afrique :

- +55 % en Afrique de l'Ouest d'ici 2050,
- +48 % en Afrique centrale,
- +32 % en Afrique du Nord (FAO., 2022).

3.2. Avantage compétitif du Mali en Afrique de l'Ouest

Le Mali bénéficie :

- D'une position centrale,
- D'un excédent de cheptel,
- D'un coût de production animale parmi les plus faibles de la région (Local).

Ces avantages permettent au Mali de devenir un fournisseur sous-régional de produits laitiers transformés.

3.3. Harmonisation des normes et certification

La ZLECAf facilite l'intégration du Mali dans :
- Des chaînes de valeur africaine,
- Des systèmes de normes régionales harmonisées (ARSO, 2024)

3.4. Facilitation logistique

Les corridors économiques (Dakar–Bamako, Abidjan–Bamako, Conakry–Bamako) permettent de réduire les coûts d'exportation.

4. Perspectives d'autosuffisance laitière au Mali

- Les projections du Ministère du Développement rural (MDR, 2024), de la (FAO., 2022) et du (CILSS, 2024) , permettent d'esquisser des scénarios d'autosuffisance.

4.1. Capacité nationale versus besoin en consommation

Production 2025 estimée 700–750 millions de litres. Besoin national 2025 estimé 1,2 milliard de litres. Le Déficit avoisine 450–500 millions de litres. Cependant, 70 % du déficit provient de la dépendance au lait industriel (Sphinx, 2023).

4.2. Scénario d'autosuffisance 2035

Selon les modèles de (CIRAD, 2024) et de la (FAO., 2022), l'autosuffisance pourrait être atteinte si :

150–200 mini-laiteries modernes sont déployées

- Capacité additionnelle : 250–300 millions litres/an

60–75 centres de collecte régionaux sont installés

- Réduction des pertes : -20 %

120 000 hectares de fourrage sont mis en culture

- Augmentation productivité : +30 %

100 000 vaches croisées sont introduites

- Gain : +350 millions litres/an

Projections 2035 :

- Production potentielle : 1,4 à 1,6 milliard litres/an
- Demande estimée : 1,3 milliard litres/an
- Excédent exportable : 100–300 millions litres/an

4.3. Potentiel d'exportation

Les marchés voisins (Côte d'Ivoire, Sénégal, Niger) importent ensemble près de 130 millions USD/an (COMTRADE., 2024) Le Mali pourrait capter10–25 % de cet espace en 2035.

4.4. Un rôle futur dans la souveraineté alimentaire régionale

D'après l'UEMOA, le Mali fait partie des trois pays stratégiques pouvant assurer (UEMOA, 2024) :

- La sécurité laitière,
- La réduction des importations,
- La création d'emplois ruraux.
- Conclusion de la SECTION D

La filière laitière dispose au Mali d'un potentiel transformateur exceptionnel. Grâce à :

- Un cadre institutionnel en consolidation,
- Des politiques nationales cohérentes,
- La ZLECAf,
- Une demande croissante,
- Un cheptel abondant,
- Des innovations technologiques disponibles,

Le pays peut ambitionner un rôle régional majeur à l'horizon 2035.

La priorité demeure l'industrialisation, l'intégration des chaînes de valeur, la structuration de la collecte, et la souveraineté énergétique.

CHAPITRE 2 :

LE SECTEUR DE LA VIANDE ET LES SYSTÈMES PASTORAUX

SECTION 1 : STRUCTURE DE L'ÉLEVAGE ET DYNAMIQUE PASTORALE

Le secteur de la viande au Mali s'inscrit dans l'un des plus vastes systèmes pastoraux du continent africain. Avec l'UEMOA, plus de 35 % du cheptel de l'UEMOA, et une position stratégique au sein de la CEDEAO, le pays occupe une place centrale dans l'économie bétail-viande régionale (UEMOA, 2022). Les dynamiques d'élevage maliennes reposent sur une combinaison de facteurs historiques, écologiques, socioculturels et économiques, conférant au pays un rôle structurant dans l'approvisionnement en bétail sur pied et en produits carnés dans toute l'Afrique de l'Ouest.

Les statistiques officielles montrent que le Mali dispose d'un cheptel estimé à (DNPIA, 2024) :

- 12,47 millions de bovins
- 20,14 millions d'ovins
- 27,81 millions de caprins
- 1,26 millions de camelins

Ce volume confère au pays l'un des potentiels de transformation de viande les plus élevés de la région. Pourtant, la filière demeure sous-industrialisée, fortement informelle et orientée vers l'exportation de bétail sur pied plutôt que vers la valorisation locale sous forme de viande transformée.

Cette première section examine la structure du cheptel, la typologie des systèmes pastoraux, la mobilité animale, ainsi que les vulnérabilités climatiques et sécuritaires qui affectent profondément la filière viande.

1. Typologie des troupeaux et organisation du cheptel

L'organisation du cheptel malien repose sur une pluralité de systèmes d'élevage qui reflètent la diversité écologique du pays (FAO, 2024) (ILRI, 2023) (Ayantunde, 2024). La littérature (FAO, 2024); (ILRI, 2023); (CIRAD, 2024)) distingue trois grands modèles :

1.1. Le pastoralisme mobile (transhumant)

Selon la DNPIA près de 60 % du cheptel, c'est le modèle dominant dans les régions de Gao, Tombouctou, Ménaka, Kidal, nord de Mopti et de Ségou (DNPIA, 2024),.

Caractéristiques :

- Forte mobilité saisonnière,
- Valorisation des pâturages naturels,
- Faible usage d'aliments industriels,
- Prédominance des races rustiques (Zébu Maure, Azaouad, Touareg).

Ce système fournit l'essentiel des bovins destinés à l'export vers le Sénégal, la Guinée et la Côte d'Ivoire.

1.2. Le système agro-pastoral semi-sédentaire

Environ 30 % du cheptel, il est concentré dans les zones sud et centre : Koulikoro, Sikasso, Ségou (DNPIA, 2024) .

Caractéristiques :

- Mixité agriculture-élevage,
- Production de céréales servant d'aliment bétail,
- Sédentarisation croissante,
- Capitalisation animale dans les ménages agricoles.

C'est le segment le plus apte à fournir une production régulière aux abattoirs modernes.

1.3. L'élevage intensif et périurbain

Pres de 5 à 10 % du cheptel, c'est le modèle récent, en croissance, autour de Bamako, Sikasso et Koulikoro (DNPIA, 2024).

Caractéristiques :

- Stabulation,
- Aliments composés,
- Suivi sanitaire,
- Races améliorées (Girolando, Montbéliarde, Holstein).

Potentiel stratégique pour l'approvisionnement des boucheries modernes et des unités de découpe

2. La mobilité pastorale et les systèmes de transhumance

La transhumance est une institution sociale, économique et environnementale fondamentale pour l'équilibre du secteur viande. Chaque année, plus de 5 millions de têtes se déplacent selon des routes traditionnelles (PRAPS II, 2024).

2.1. Logiques de mobilité :

- Recherche de pâturages saisonniers,
- Accès à l'eau des fleuves (Niger, Bani, Sénégal),
- Éloignement des zones agricoles pendant l'hivernage,
- Stratégies d'adaptation au climat.

La mobilité réduit les coûts d'alimentation et permet d'exploiter des ressources naturelles peu valorisées. Les couloirs de transhumance relient le Mali :

- Au Burkina Faso,
- Au Niger,
- A la Mauritanie,
- Au Sénégal,
- A la Guinée.

2.2. Enjeux économiques :

- Réduction des coûts (pâturages naturels),
- Optimisation des cycles physiologiques,
- Approvisionnement continu des marchés transfrontaliers.

2.3. Enjeux sociaux et politiques :

- Coexistence entre éleveurs et agriculteurs,
- Régulation foncière,
- Gestion communautaire des ressources.

3. Vulnérabilités climatiques : sécheresses, dégradation des pâturages, stress hydrique

Le système pastoral malien est fortement exposé aux chocs climatiques. Les travaux du (CILSS, 2024), du (GIEC/IPCC , 2023) et de (ILRI, 2024) montrent :

3.1. Sécheresses récurrentes

Les sécheresses de 1973, 1984, 2011 et 2021 ont entraîné :
- Perte massive de bétail,
- Raréfaction des points d'eau,
- Pression accrue sur les pâturages.

3.2. Dégradation des pâturages

Depuis 2010 :
- 12 % de productivité fourragère,
- Extension des zones dégradées,
- Compétition croissante entre agriculture et élevage.

3.3. Stress hydrique

Bien que le Mali possède deux grands fleuves, la répartition de l'eau reste inégale. Les zones pastorales du nord subissent :
- Évaporation accélérée,
- Ensablement,
- Disponibilité irrégulière des mares.

4. Vulnérabilités sécuritaires et perturbation des systèmes pastoraux

Depuis 2012, l'insécurité a transformé profondément les logiques de mobilité :
- Couloirs de transhumance devenus dangereux,
- Marchés à bétail perturbés,
- Taxation informelle par groupes armés,
- Vols massifs de bétail,
- Recul de l'accès aux zones pastorales.

Selon le (PNUD, 2024), plus de 37 % des zones pastorales sont affectées.

Conséquences :
- Hausse du coût de revient de l'animal,
- Diminution de l'offre en zones côtières (Côte d'Ivoire, Sénégal),
- Informatisation accrue,
- Afflux d'animaux dans les zones sud, créant une pression sur les ressources.

La structure de l'élevage malien offre un potentiel exceptionnel pour la filière viande. La dominance du pastoralisme est un atout, diversité génétique, faibles coûts, qualité organoleptique des viandes, mais aussi une source de vulnérabilités. La pression climatique, l'insécurité et la faible modernisation constituent des enjeux majeurs pour la transition vers une filière viande compétitive, moderne et exportatrice de produits transformés.

SECTION 2 : TRANSFORMATION, ABATTAGE, STRUCTURE, DÉFIS ET POTENTIEL D'INDUSTRIALISATION

Bien que le Mali possède l'un des plus grands cheptels de la région, la filière viande demeure faiblement transformée. L'économie repose encore largement sur l'exportation d'animaux sur pied, un modèle hérité de la période coloniale et renforcé par la mobilité pastorale. Pourtant, la transformation locale représente le principal levier de création de valeur, de compétitivité et de souveraineté alimentaire.

Cette section analyse :
- Les abattoirs et l'appareil de transformation existant,
- Les pratiques traditionnelles et leurs limites,
- Les défis sanitaires et normatifs,
- La chaîne du froid et la distribution,
- Les pertes post-abattage,
- Les perspectives d'industrialisation.

1. Abattoirs modernes versus pratiques traditionnelles

1.1. Un tissu d'abattoirs sous-utilisé et vieillissant

Le Mali dispose d'abattoirs modernes à Bamako, Kayes, Sikasso et Mopti. Pourtant, selon le (DNPIA, 2024) et la (FAO, 2024) :

- La capacité d'abattage installée dépasse largement les volumes réellement traités ;
- Moins de 15 % des abattages nationaux passent par les abattoirs modernes ;
- Certains abattoirs fonctionnent à 10–20 % de leur capacité maximale.

Exemple : l'abattoir frigorifique de Bamako

Conçu pour transformer jusqu'à 50 000 tonnes/an, il n'en traite qu'environ 5 000 à 8 000 tonnes/an (API-Mali, 2025)

1.2. Principales raisons du sous-usage

- Coûts élevés de services vétérinaires formels ;
- Manque de maîtrise technique des opérateurs ;
- Absence de chaîne du froid pour distribuer la viande abattue ;
- Informalité dominante : les bouchers préfèrent les abattages traditionnels pour éviter la fiscalité.

1.3. Les abattoirs municipaux et les pratiques traditionnelles

La majorité des abattages se fait dans :

- Les marchés à bétail,
- Les abattoirs municipaux minimalistes,
- Les aires d'abattage artisanales,
- Parfois en plein air.

Ces pratiques engendrent :

- Un risque sanitaire élevé,
- Une qualité irrégulière de la viande,
- L'absence de certification, empêchant tout export de viande découpée.
-

Sur le plan économique :

L'abattage artisanal est moins coûteux à court terme, mais extrêmement coûteux à long terme :

- Pertes de 10–20 % de carcasses,
- Impossibilité de valoriser les sous-produits (os, sang, cuir, abats),
- Inefficacité énergétique,
- Non-conformité aux standards internationaux.

2. Contrôle sanitaire, hygiène et normes internationales

La qualité sanitaire conditionne la compétitivité de la filière viande. Au Mali, les systèmes de contrôle restent très insuffisants.

2.1. Un cadre institutionnel existant mais peu opérationnel

Le système de contrôle repose sur :

- Le Laboratoire Central Vétérinaire (LCV),
- La DNPIA,
- Les services vétérinaires régionaux.

Mais selon le (LCV , 2024) :

- Seulement 12–15 % des viandes commercialisées passent par un contrôle sanitaire,
- La majorité des tests se limite à la trichinellose et à l'inspection visuelle,
- La traçabilité animale est quasi inexistante.

2.2. Normes internationales non respectées (Codex – HACCP – ISO)

Pour exporter de la viande découpée vers :

- La CEDEAO,
- Le Maghreb,
- Le Moyen-Orient,

Le pays doit respecter :
- HACCP (Hazard Analysis and Critical Control Points),
- ISO 22000 (sécurité des denrées),
- Standards du Codex Alimentarius.

Actuellement :
- Aucun abattoir malien n'a de certification ISO 22000,
- Aucune unité de transformation n'est aux normes HACCP,
- Les infrastructures ne permettent pas la séparation stricte « propre / sale ».

2.3. Impacts économiques des faiblesses sanitaires

Faute de certification :
- Le Mali n'exporte pas de viande transformée,
- Les pays côtiers préfèrent importer du bétail sur pied,
- Le transport d'animaux vivants entraîne une perte de valeur de 50 à 70 % par rapport à la viande emballée.

Selon la (BM, 2024) :

« Un animal exporté vivant rapporte 2 à 3 fois moins qu'une carcasse découpée, et 5 à 7 fois moins qu'une viande emballée sous vide. »

3. Chaîne du froid, distribution et pertes post-transformation

La chaîne du froid constitue la colonne vertébrale de toute filière viande moderne. Or au Mali, elle est quasi inexistante dans les zones de production.

3.1. État de la chaîne du froid au Mali (2024)

Selon l'étude (API-Mali, 2025) :
- Réfrigérateurs industriels : très rares,
- Chambres froides opérationnelles : moins de 15,
- Camions frigorifiques : moins de 50 dans tout le pays,
- Faibles capacités énergétiques des abattoirs.

Conséquences :

- Impossibilité de vendre de la viande fraîche hors des centres urbains,
- Forte dépendance à la viande sur pied,
- Marché local dominé par la viande chaude (non réfrigérée).

3.2. Pertes post-abattage

Selon la (FAO, 2024) :

- Pertes estimées à 20–30 % après abattage,
- Dépréciation de la qualité due à la chaleur,
- Contamination croisée,
- Conservation inférieure à 24 heures dans la plupart des cas.

L'absence de chaîne du froid empêche :

- Le développement de la viande découpée,
- La production de steaks, saucisses, morceaux emballés,
- L'accès aux supermarchés modernes.

3.3. Distribution : informalité et fragmentation

La distribution de viande repose sur :

- Boucheries traditionnelles,
- Marchés de quartiers,
- Vendeurs ambulants.

Les supermarchés représentent moins de 5 % de la distribution de viande rouge.

Les contraintes incluent :

- Absence de normes d'hygiène,
- Coupures d'électricité,
- Prix variables,
- Manque de formation des bouchers,
- Absence de contrôle des abats et sous-produits.

4. Valorisation des sous-produits et potentiel économique inexploité

Les sous-produits représentent jusqu'à 30 % de la valeur totale d'un animal. Pourtant, leur valorisation reste marginale au Mali.

Sous-produits non valorisés

- Cuir (souvent perdu ou vendu à bas prix),
- Os (non transformés en farine),
- Sang (non valorisé en engrais),
- Abats (souvent mal conservés).

Selon le (CIRAD, 2024), un abattoir moderne pourrait produire :

- Farines animales,
- Os gélatineux pour l'industrie,
- Collagène,
- Aliments pour animaux.

La non-valorisation représente plus de 30 milliards FCFA de pertes potentielles par an.

5. Comparaisons internationales : enseignements pour le Mali

5.1. Le modèle éthiopien

L'Éthiopie a réussi à développer (FAO, 2024):

- Des abattoirs export,
- Des unités halal certifiées,
- Un marché régional (Arabie Saoudite, EAU).

Résultat : revenus 4 à 6 fois supérieurs à la vente de bétail sur pied.

5.2. Le modèle marocain

Le Maroc a modernisé sa chaîne viande par (Duteurtre, 2021) :

- Normes strictes,
- Abattoirs certifiés,
- Valorisation des sous-produits.

Le Mali peut s'inspirer de ces trajectoires.

6. Enjeux stratégiques pour l'avenir

- Remplacer l'exportation d'animaux vivants par l'exportation de viande certifiée.

- Positionner le Mali comme fournisseur de viande halal aux marchés du Maghreb et du Moyen-Orient.
- Développer une chaîne du froid national.
- Améliorer la certification sanitaire.
- Créer un réseau d'abattoirs régionaux modernes.

La transformation et l'abattage sont le maillon le plus faible de la filière viande au Mali. Pourtant, c'est le segment qui possède le plus fort potentiel de création de richesse, d'emploi et d'industrialisation. La mise à niveau des abattoirs, la chaîne du froid, l'hygiène et la certification représentent les piliers incontournables pour faire du Mali une puissance exportatrice de viande transformée.

SECTION 3 : COMPÉTITIVITÉ RÉGIONALE DANS LA CEDEAO

La zone CEDEAO compte plus de 420 millions d'habitants en 2024, avec une progression démographique estimée à +2,7 %/an (ONU, 2024) . Cette dynamique démographique, associée à une urbanisation rapide (+4,1 %/an) et à une évolution des régimes alimentaires, entraîne une hausse structurelle de la demande en viande, notamment bovine et ovine. La région reste un importateur net de viande, malgré la présence de grands cheptels au Mali, au Niger, au Burkina Faso et au Nigéria.

Dans ce contexte, le Mali, détenteur d'un cheptel parmi les plus importants d'Afrique de l'Ouest, peut occuper une place stratégique dans l'approvisionnement en viande de la région, à condition de surmonter les obstacles liés au transport, à la transformation, aux infrastructures et à la gouvernance commerciale. Cette section analyse :

- La demande sous-régionale et les marchés porteurs,
- Les corridors commerciaux, les taxes et l'économie informelle,
- Les coûts logistiques, les risques et la gouvernance commerciale,
- La position stratégique du Mali dans le commerce régional du bétail et de la viande.

1. La demande sous-régionale : Nigéria, Côte d'Ivoire, Ghana, des marchés en tension

1.1. Le Nigéria : un géant démographique sous forte pression alimentaire

Avec 223 millions d'habitants (Worldometer, 2024), le Nigéria représente près de 53 % de la population de la CEDEAO. Malgré un cheptel important, sa demande dépasse largement sa capacité domestique.

Tendances clés (FMI , 2024) (FAO, 2024) déficit structurel de 500 000 tonnes de viande rouge/an

- Urbanisation rapide et émergence d'une classe moyenne (+6 %/an)
- Hausse des prix internes → attractivité pour les exportations maliennes

Bien que la majorité des flux nigérians se fasse via le Niger et le Tchad, les bovins maliens atteignent désormais Kano, Sokoto et Kaduna, via les circuits commerciaux du Sahel oriental.

Potentiel pour le Mali : approvisionner des marchés à forte demande via des corridors renforcés Mopti–Gao–Frontière nigériane.

1.2. La Côte d'Ivoire : premier marché côtier des bovins maliens

La Côte d'Ivoire est le premier importateur de bétail sur pied en Afrique de l'Ouest.

Statistiques (INS, 2024)

Importations de viande : 130 à 160 millions USD/an

- Dépendance à 70 % envers le Mali, le Burkina Faso et le Niger
- Demande locale très forte à Abidjan, Bouaké, San Pedro

L'intégration du corridor Bamako–Zégoua–Abidjan facilite ces flux.

Mais :
- Le marché ivoirien exige progressivement viande réfrigérée et non plus seulement bétail sur pied,
- Les abattoirs industriels d'Abidjan commencent à exiger des animaux plus homogènes, mieux nourris et mieux suivis.

Le Mali doit donc moderniser la transformation pour rester compétitif.

1.3. Le Ghana : un marché émergent en forte croissance

Le Ghana importe plus de 90 000 tonnes de viande/an (MOFA, 2024) . Sa croissance économique stable (5,6 % en 2024) stimule la consommation. La demande concerne surtout :
- Le bœuf,
- Le mouton (très recherché pour les fêtes religieuses),
- La volaille (dominante mais concurrencée par les viandes locales).

Défi : le Ghana est géographiquement éloigné, il faut traverser soit le Burkina Faso, soit la Côte d'Ivoire. Les coûts logistiques freinent l'accès direct, mais une intégration via corridors CEDEAO est une bonne option.

2. Corridors commerciaux, taxes et informalité

La compétitivité régionale dépend de la qualité et du coût des infrastructures.

2.1. Les trois corridors stratégiques

Corridor Bamako–Dakar :
- Principal axe pour la viande vers le Sénégal (DNPIA, 2024)
- 42 % des exportations maliennes de bovins passent par cet axe
- Défis : barrages routiers, corruption, lenteur douanière

Corridor Bamako–Abidjan :
- Rôle central pour atteindre les grands marchés ivoiriens
- Infrastructures en amélioration

- Taxation multiple en Côte d'Ivoire et dans certaines communes du sud du Mali

Corridor Bamako–Conakry :
- Moins structuré
- Terrain montagneux + insécurité = forte volatilité des prix
- Marché guinéen en forte croissance depuis 2020 (hausse du prix de la viande à Conakry) (ILRI, 2023) (FMI , 2024)

2.2. Taxes formelles et informelles : le poids de la fiscalité réelle

L'OCDE et la banque mondiale estiment que les taxes réelles (formelles + informelles) sur le bétail malien en transit atteignent (OCDE , 2023), (BM, 2024)) :
- +18 % à +25 % du coût total,
- +30 % dans le cas des petits ruminants,
- Jusqu'à 40 % en période de fêtes religieuses (Tabaski).

Ces taxes incluent :
- Péages routiers,
- Contributions locales,
- « Droits de passage »,
- Paiements informels,
- Prélèvements non autorisés par certains groupes armés dans les zones du centre.

Ces coûts altèrent fortement la compétitivité malienne.

2.3. Poids de l'informalité dans les flux commerciaux

Selon (OCDE-SWAC , 2024) :
- Plus de 65 % du commerce régional du bétail est informel,
- Les routes de transhumance servent de corridors commerciaux,
- Les animaux circulent souvent sans documents officiels.

Le commerce informel offre certains avantages :
- Rapidité,
- Faible coût,
- Adaptation aux chocs sécuritaires.

Mais il empêche :
- La collecte de statistiques fiables,
- La certification sanitaire,
- L'accès aux marchés à plus forte valeur ajoutée.

3. Coûts de transport, risques et corruption : les entraves à la compétitivité

3.1. Coûts logistiques structurellement élevés

Les études (API-Mali, 2025) et (BM, 2024) montrent :
- 20 à 35 % du prix final du bétail correspond au transport,
- Mortalité animale sur les longs trajets : 2–5 %,
- Stress animal, baisse de la qualité de la viande.

Coûts non financiers :
- Durée du trajet : 3 à 9 jours selon la destination,
- Fatigue animale, perte de poids,
- Risques de vol,
- Ruptures d'approvisionnement en eau.

3.2. Risques sécuritaires

Les zones centrales (Mopti, Ségou) et les zones nord (Gao, Ménaka) connaissent :
- Attaques sporadiques,
- Enlèvements,
- Extorsions,
- Taxation par groupes armés.

Le PNUD estime qu'en 2024, 37 % des couloirs de transhumance sont affectés par l'insécurité (PNUD, 2024).

3.3. Corruption sur les routes

Le rapport Transparency West Africa note (TWA, 2023):
- Plus de 18 barrages entre Bamako et Abidjan,
- 26 barrages entre Bamako et Dakar,
- Paiements informels de 500 à 5 000 FCFA/animal.

Cette corruption réduit la compétitivité du Mali, augmente les prix au consommateur, et favorise les réseaux informels.

4. Intégration régionale et position stratégique du Mali

La CEDEAO vise une intégration commerciale accrue, mais la mise en œuvre reste partielle. Atouts géo-économiques du Mali :

- Centre géographique du Sahel
- Cheptel le plus important après le Nigéria
- Corridors naturels vers six pays
- Savoir-faire pastoral reconnu

Faiblesses :

- Transformation quasi inexistante
- Chaîne du froid embryonnaire
- Absence de certification
- Dépendance aux réseaux informels

5. Perspectives : vers une compétitivité renforcée du Mali

5.1. Transition du bétail sur pied vers viande transformée

Potentiel de multiplier par 4 à 7 la valeur ajoutée.

5.2. Création de hubs régionaux de transformation

- Bamako, Sikasso, Kayes : zones prioritaires
- Export vers : Côte d'Ivoire, Sénégal, Guinée, Ghana

5.3. Harmonisation des normes CEDEAO

- Passeport bétail
- Carte sanitaire
- Inspection vétérinaire harmonisée

5.4. Amélioration des corridors logistiques

- Réduction des barrages
- Sécurisation des flux
- Facilitation douanière

La compétitivité régionale du Mali est handicapée par :
- Les coûts logistiques élevés,
- Une forte informalité,
- L'absence de transformation industrielle,
- La faiblesse de la chaîne du froid,
- La gouvernance commerciale déficiente.

Pourtant, le Mali détient un avantage comparatif massif : un cheptel important, une position géographique stratégique, et une forte demande régionale. Avec des réformes ciblées, le pays peut devenir le leader régional des viandes rouges dans la CEDEAO.

SECTION 4 : RÉFORMES ET PERSPECTIVES

Le secteur viande au Mali se trouve à un tournant décisif. Avec un cheptel exceptionnel, une demande régionale croissante et un positionnement géostratégique central dans la CEDEAO, le pays détient un avantage comparatif naturel dans la production et la commercialisation des viandes rouges. Cependant, malgré ce potentiel, la filière reste dominée par :
- Une transformation artisanale,
- Une absence de certification sanitaire,
- L'exportation d'animaux sur pied au lieu de viande transformée,
- Une chaîne du froid embryonnaire,
- Des abattoirs sous-utilisés,
- Une gouvernance sectorielle fragmentée.

La présente section propose un cadre de réformes structurelles visant la modernisation, la certification, la valorisation locale, et l'intégration régionale de la filière viande, dans la perspective d'une souveraineté alimentaire nationale et d'une montée en gamme industrielle.

1. Modernisation des abattoirs : un prérequis pour l'industrialisation

La stratégie nationale doit commencer par une transformation du système d'abattage. Les abattoirs modernes représentent le cœur de la chaîne de valeur viande : c'est là que se crée la valeur ajoutée industrielle.

1.1. Diagnostic des abattoirs existants

Selon l'API-Mali, le Mali compte 6 abattoirs modernes, mais (API-Mali, 2025) :
- Moins de 20 % de leur capacité installée est exploitée,
- Équipements vétustes,
- Maintenance insuffisante,
- Absence de lignes de découpe modernes,
- Chambres froides souvent non fonctionnelles,
- Normes internationales non respectées.

Les études de la (FAO, 2024) montrent :
- Absence de tri carcasse,
- Pas de séparation des flux propres/sales,
- Gestion rudimentaire des sous-produits,
- Insuffisance d'hygiène,
- Manque de formation des bouchers et techniciens.

Ce sous-investissement empêche la montée en gamme de la filière.

1.2. Priorités de modernisation

Un plan national de modernisation devrait inclure :

Réhabilitation des abattoirs régionaux :
- Bamako (prioritaire)
- Sikasso (région agricole clé)
- Kayes (corridor vers le Sénégal)
- Mopti (zone pastorale stratégique)

Introduction d'équipements modernes :
- Rails aériens,
- Tapis roulants,
- Machines de dépouille,
- Chambres froides performantes,
- Salles de découpe modernes,
- Équipements de conditionnement sous vide.

Professionnalisation du personnel :
- Certification de bouchers,
- Formation aux normes HACCP,
- Gestion hygiénique des carcasses,
- Management industriel.

1.3. Création de zones agro-industrielles

Chaque abattoir doit devenir un pôle agro-industriel comprenant :
- Unité d'abattage,
- Unité de découpe,
- Production de sous-produits,
- Station d'équarrissage,
- Contrôle qualité.

1.4. Certification sanitaire et normes internationales

L'accès à la CEDEAO, au Maghreb ou au Moyen-Orient passe par une certification sanitaire stricte.

1.5. Harmonisation avec les normes internationales

Le Mali doit aligner ses standards avec (Manoli, C., et al., 2024) :
- HACCP (Hazard Analysis and Critical Control Points),
- ISO 22000 (sécurité des aliments),
- Normes du Codex Alimentarius,
- Normes halal (pour export Maghreb/Moyen-Orient).

Cela exige :
- Audit complet des abattoirs,
- Standardisation des procédures,
- Création de manuels d'hygiène,
- Formation continue des inspecteurs vétérinaires.

1.6. Renforcement du Laboratoire Central Vétérinaire (LCV)

Le LCV doit devenir le noyau de la certification nationale. Investissements nécessaires :
- Modernisation des équipements d'analyse microbiologique,

- Renforcement des contrôles de salmonelle, E. coli, brucellose, tuberculose,
- Extension des capacités d'analyse de résidus médicamenteux,
- Digitalisation de la traçabilité.

Objectif 2030 : Passer de 15 % de viandes contrôlées à 75 %.

1.7. Mise en place d'un système de traçabilité animale

Chaque animal doit disposer :
- D'un identifiant numérique,
- D'un carnet sanitaire digitalisé,
- D'un historique de vaccination,
- D'un certificat vétérinaire certifié par LCV.

Avantages :
- Exportation facilitée,
- Lutte contre les maladies,
- Fiabilité des statistiques,
- Certification halal plus facile.

2. Développement d'unités de transformation : vers la viande emballée

La transformation représente le segment à plus forte valeur ajoutée.

2.1. La viande emballée est stratégique

Selon la Banque Mondiale, « Chaque animal transformé localement génère entre 3 à 7 fois plus de valeur ajoutée qu'un animal exporté sur pied. (BM, 2024) »

La viande emballée permet :
- D'accéder aux supermarchés urbains,
- D'exporter vers les zones côtières,
- D'améliorer la conservation,
- D'augmenter les marges,
- De capter la valeur de la découpe.

2.2. Typologies d'unités de transformation à développer

Mini-unités rurales (500 à 1 000 kg/jour) :

- Autour des bassins d'élevage
- Production de viande fraîche emballée
- Approvisionnement des marchés locaux et urbains

Unités régionales (3 à 5 tonnes/jour) :
- Adossées aux abattoirs modernisés
- Viande découpée sous vide
- Vente aux supermarchés

Grandes unités industrielles (10 à 20 tonnes/jour) :
- Export sous vide
- Marché halal (Maghreb, Moyen-Orient)
- Partenariats public-privé

2.3. Développement de produits dérivés

Le Mali peut se positionner sur :
- Viande sous vide,
- Merguez,
- Saucisses,
- Keftas,
- Steaks hachés,
- Viande séchée (kilishi premium),
- Abats emballés.

Des produits adaptés aux marchés :
- Ivoirien,
- Sénégalais,
- Guinéen,
- Marocain,
- Libyen.

3. Chaîne du froid : un investissement stratégique

Sans chaîne du froid, la transformation est impossible.

3.1. Priorités logistiques

- Construction de chambres froides dans les abattoirs régionaux,

- Acquisition de camions frigorifiques,
- Installation de groupes électrogènes hybrides (solaire/diesel),
- Formation en gestion du froid.

Objectif CEDEAO 2030 : créer un corridor froid Bamako–Dakar–Abidjan–Conakry.

3.2. Centres de distribution régionaux

Création de hubs de distribution dans :
- Bamako,
- Sikasso,
- Kayes,
- Mopti,
- Ségou.

Ces hubs permettent :
- Stockage,
- Distribution régulière,
- Contractualisation avec supermarchés,
- Développement d'un marché formel.

4. Politiques publiques et réformes structurelles

4.1. Réformes institutionnelles

La gouvernance de la filière reste fragmentée entre (BM, 2024) :
- DNPIA,
- DNE,
- LCV,
- Collectivités,
- Office du Niger,
- Acteurs privés.

Réforme proposée : créer une Agence Nationale de la Filière Viande (ANFV), chargée de :
- La stratégie nationale,
- La normalisation,
- La promotion des exportations,
- Le développement industriel,
- La coordination des abattoirs.

4.2. Incitations financières

- Subventions à l'investissement industriel,
- Crédit fiscal pour modernisation d'abattoirs,
- Fonds d'industrialisation agroalimentaire (à créer).
- Partenariats public-privé pour abattoirs régionaux.

4.3. Accords commerciaux et intégration régionale

Le Mali doit négocier des facilités :
- Dans les corridors CEDEAO,
- Avec le Sénégal,
- Avec la Côte d'Ivoire,
- Avec la Guinée.

Objectif : Réduction de 50 % des prélèvements informels d'ici 2030.

5. Perspective 2035 : un Mali exportateur de viande transformée

5.1. Scénario optimiste

Si les réformes sont mises en œuvre (BM, 2024) :
- Transformation ×5,
- Exportations de viande emballée ×10,
- Réduction de 60 % des pertes post-abattage,
- Création de 50 000 à 100 000 emplois directs/indirects.

Le Mali devient un fournisseur régional de viande halal certifiée.

5.2. Scénario pessimiste

Si rien n'est fait :
- Maintien de l'export sur pied,
- Pertes de valeur,
- Domination accrue des importations de poulet congelé européen,
- Informalité renforcée,
- Vulnérabilité climato-sécuritaire exacerbée.

5.3. Scénario stratégique (réaliste)

- Modernisation progressive de 4 abattoirs,
- Mise en place de 3 unités de transformation,
- Corridors sécurisés,
- Certification partielle d'ici 2030.

Résultat : un secteur viande capable de générer 300 à 400 milliards FCFA/an en valeur ajoutée.

La réforme de la filière viande est une priorité nationale. Elle exige :

- Une vision stratégique,
- Des investissements ciblés,
- Une gouvernance unifiée,
- Une modernisation industrielle,
- Une intégration régionale active.

La filière viande peut devenir un pilier de souveraineté alimentaire, un moteur d'industrialisation, et un levier de transformation structurelle du Mali.

CHAPITRE 3 :

LA FILIÈRE COTON ET L'INDUSTRIE AGRO-TEXTILE

SECTION 1 : ORGANISATION INSTITUTIONNELLE DE LA FILIERE COTON AU MALI

1. Une filière stratégique au cœur de l'économie malienne

La filière coton représente l'un des piliers historiques de l'économie malienne. Souvent décrit comme « l'or blanc », ce produit constitue depuis les années 1980 un moteur de croissance, une source d'emplois ruraux et un vecteur de structuration territoriale (CMDT, 2024), (BM, 2024). En 2024, selon les statistiques consolidées de la Compagnie Malienne pour le Développement du Textile (CMDT) et de la Banque mondiale, le coton contribue :

- A 15 % du PIB primaire,
- A plus de 22 % des recettes d'exportation,
- A environ 10 % des recettes budgétaires de l'État,
- Et procure des revenus à 3 à 4 millions de Maliens, soit près d'un cinquième de la population.

Cette centralité fait du coton un produit stratégique pour la stabilité macroéconomique, mais représente aussi une vulnérabilité structurelle en raison de l'exposition du pays à la volatilité des cours mondiaux, aux incertitudes climatiques, aux chocs sécuritaires et aux limites institutionnelles internes.

Cette section analyse l'architecture institutionnelle de la filière coton, en examinant de manière approfondie :

- La gouvernance, les performances et les innovations récentes de la CMDT ;
- La structuration et le rôle des coopératives paysannes ;
- Le rôle stratégique de la filière dans le PIB, l'emploi et la croissance économique ;
- Les enjeux d'efficacité institutionnelle pour l'industrialisation future.

1.1. La CMDT : gouvernance, performances et innovations

1.1.1. Origines et statut institutionnel

Créée en 1974, à la suite de la dissolution de la Compagnie Française pour le Développement des Fibres Textiles (CFDT), la CMDT est une société d'État mandatée pour (CMDT; MAM, 2025) :

- Encadrer les producteurs,
- Distribuer les intrants,
- Acheter le coton graine,
- Organiser le transport et la collecte,
- Transformer via égrenage,
- Exporter le coton fibre,
- Gérer les sous-produits (huile, tourteaux, coques).

La CMDT est une société d'économie mixte, dont la structure du capital est la suivante (CMDT, 2024) :

- État malien : 60 %
- Producteurs (coopératives, OHVN, organisations paysannes) : 20 %
- Investisseurs privés : 20 %

Ce modèle hybride devait, en théorie, permettre une gouvernance participative associant l'État, les producteurs et les acteurs économiques. Toutefois, de nombreux audits institutionnels (BM, 2023); (FMI, 2023) (AMAP, 2021) (UEMOA, 2024); soulignent une gouvernance perfectible :

- Lenteur administrative,
- Dépendance aux subventions publiques,
- Faiblesses en pilotage stratégique,
- Déficit d'innovation industrielle,
- Exposition aux chocs exogènes (prix internationaux, climat, intrants).

1.1.2. Gouvernance opérationnelle et organisation territoriale

La CMDT est organisée en 4 grandes zones d'intervention (Sikasso, Koutiala, Koulikoro, Kita), couvrant plus de 700 000 hectares de surfaces emblavées selon les années (CMDT, 2024).

Elle dispose :

- De 18 usines d'égrenage,
- De plus de 120 centres secondaires de collecte,

- D'environ 6 000 agents saisonniers,
- D'un réseau de coopératives partenaires.

Chaque zone est dirigée par une Direction Régionale responsable de :

- La distribution des intrants,
- L'encadrement technique,
- La collecte et l'achat du coton graine,
- La gestion logistique,
- Le pilotage des campagnes agricoles.

Atouts institutionnels de la CMDT

- Organisation hiérarchique claire,
- Ancrage territorial fort,
- Expertise agronomique accumulée,
- Relations historiques avec les paysans,
- Capacité logistique importante.

Limites institutionnelles

- Autonomie financière fragile,
- Dépendance aux décisions politiques (prix, subventions),
- Lenteur des réformes organisationnelles,
- Manque d'investissements industriels depuis 2010,
- Technologies de filature obsolètes.

1.1.3. Performances économiques récentes (2020–2025)

1.1.3.1. Production

Les performances sont marquées par une grande volatilité :

Tableau 2 : Performance économiques

Campagne	Production coton graine	Variation	Source
2017–2018	725 000 t	+13 %	CMDT
2020–2021	147 000 t	-77 %	CMDT, BM
2022–2023	760 000 t	+415 %	UEMOA
2023–2024	680 000 t	-11 %	CMDT
2024–2025 (prévision)	720 000 t	+6 %	CMDT, FAO

Ces chiffres illustrent :

- La dépendance aux incitations-prix,
- La réaction rapide des producteurs à la rentabilité,
- La sensibilité du secteur aux intrants.

1.1.3.2. Exportations et recettes

Le coton fibre représente, selon (MDR, 2024)

- 215 à 260 milliards FCFA de recettes annuelles,
- Soit 22 % des exportations totales,
- Et environ 10 % des recettes fiscales directes et indirectes.

Innovations institutionnelles et techniques (2021–2025)

Depuis 2021, sous la pression des crises, la CMDT a lancé plusieurs réformes (CMDT, 2024):

Digitalisation progressive

- Paiement mobile aux producteurs (Orange Money, SAMA Money),
- Traçabilité numérique des intrants,
- Projets pilotes de cartographie digitale des exploitations.

Programmes variétaux améliorés

En partenariat avec :

- IER (Institut d'Économie Rurale),
- ICRISAT,
- CIRAD.

De nouvelles variétés coton :

- Plus résistantes au stress hydrique,
- Plus adaptées aux sols acides,
- Rendements +10 à +15 %.

Relance des programmes de mécanisation légère

- Semoirs mécaniques,
- Décortiqueuses améliorées,
- Pulvérisateurs modernes.

Modernisation d'unités d'égrenage

Trois usines ont bénéficié de rénovations partielles (Sikasso, Koutiala, Fana) avec :

- Nouvelles lames d'égrenage,
- Optimisation de la consommation énergétique,
- Systèmes de contrôle qualité modernisés.

1.2. Les coopératives paysannes : gouvernance, rôle et défis

1.2.1. Structure et fonctionnement des coopératives

Les coopératives de producteurs, regroupées sous l'APECAM, représentent :

- Plus de 200 000 exploitants,
- Une structure nationale d'encadrement,
- Un rôle clé dans la mobilisation rurale.

Elles assurent :

- La distribution des intrants,
- La gestion collective des crédits de campagne,
- La mobilisation sociale pour les récoltes,
- La remontée des doléances rurales,
- La stabilisation de la production.

1.2.2. Importance socio-économique

Les coopératives constituent le premier réseau socio-économique rural du Mali. Elles jouent un rôle essentiel dans :

- La stabilisation des revenus ruraux,
- La sécurité alimentaire,
- La diffusion des technologies agricoles,
- L'accès au crédit rural (CAECE, Kafo Jiginew, BNDA).

1.2.3. Faiblesses structurelles

Selon les études (CIRAD, 2024) et (ILRI, 2023):

- Gouvernance locale souvent faible,
- Manque de compétences comptables,
- Dépendance excessive à la CMDT,
- Absence d'autonomie financière,
- Difficultés à diversifier les sources de revenus non cotonniers.

La modernisation de ces coopératives est un prérequis pour la montée en gamme industrielle.

1.3. Rôle stratégique du coton dans le PIB, l'emploi et la croissance

1.3.1. Contribution au PIB et effets multiplicateurs

Le coton contribue à (BM, 2024) :

- 1,5 % du PIB national,
- 15 % du PIB agricole,
- Plus de 5 % du PIB indirect (effets multiplicateurs).

Selon les modèles macroéconomiques de la (BM, 2024) 1 franc CFA investi dans le coton génère 3,2 francs CFA dans l'économie locale.

1.3.2. Contribution à l'emploi

- 200 000 exploitations familiales,
- 4 millions de personnes dépendantes,
- Des milliers d'emplois indirects (transporteurs, commerçants, maintenanciers).

1.3.3. Contribution à la stabilité macroéconomique

Le coton joue un rôle stabilisateur en :

- Réduisant la vulnérabilité en devises,
- Participant au financement du budget,
- Soutenant le secteur bancaire (BNDA, BIM-SA).

1.4. Limites institutionnelles et défis de gouvernance

Malgré ses atouts, la filière souffre de défis structurels :

- Dépendance aux subventions publiques : Chaque campagne agricole nécessite des subventions pour les intrants (engrais, pesticides).
- Faible gouvernance contractuelle : Les mécanismes de fixation du prix bord champ sont parfois contestés.
- Insuffisance de la transformation industrielle : La CMDT reste tournée vers l'exportation de coton fibre brut.
- Vulnérabilité aux chocs externes : Prix mondiaux, crises géopolitiques, logistique internationale.

La structure institutionnelle de la filière coton malienne repose sur un système peu robuste, la CMDT, coopératives, État. Cela nécessite une modernisation profonde pour s'adapter aux exigences :

- De la ZLECAf,
- De la transformation industrielle,
- De la compétitivité internationale,
- Et de la durabilité économique.

La filière est insuffisamment industrialisée, centralisée et dépendante des chocs extérieurs.

La réussite de la chaîne de valeur, contraintes structurelles, perspectives industrielles dépendra intrinsèquement de la capacité du Mali à transformer son architecture institutionnelle.

SECTION 2 : LA CHAÎNE DE VALEUR COTONNIÈRE AU MALI : STRUCTURE, DYNAMIQUES ET SOUS-PRODUITS

1. Une chaîne de valeur incomplète mais stratégique

La chaîne de valeur coton au Mali constitue l'une des plus anciennes d'Afrique subsaharienne. Elle intègre un ensemble d'activités allant de la production agricole à l'exportation de fibre, en passant par l'égrenage, la gestion des intrants, la collecte et la valorisation limitée des sous-produits. Pourtant, malgré ce niveau d'organisation, la chaîne reste incomplète, car elle s'arrête presque entièrement à :

- La production du coton graine,
- Sa transformation primaire en coton fibre,
- Et l'exportation brute vers les marchés asiatiques.

Le Mali ne capte que 4 à 5 % de la valeur mondiale du coton, alors qu'il pourrait en capter 40 à 60 % s'il développait (MDR, 2024) :

- La filature,
- Le tissage,
- La teinture,
- La confection textile,
- L'industrie de l'huile, des tourteaux et de la biomasse.

Cette section analyse en profondeur la chaîne de valeur cotonnière malienne autour de trois axes :

- La production et l'égrenage,
- La valorisation des sous-produits (huile, tourteaux, biomasse),
- La transformation textile et la confection, encore très embryonnaires.

2. La production du coton au Mali : dynamiques, performances et contraintes

2.1. Structure de la production et importance économique

La production cotonnière au Mali repose presque exclusivement sur l'agriculture familiale. Selon la (CMDT, 2024) :

- Plus de 200 000 exploitations familiales produisent du coton,
- Les superficies emblavées varient entre 500 000 et 700 000 hectares,
- La production oscille entre 650 000 et 760 000 tonnes de coton graine selon les années.
- Les principales régions productrices sont :
- Sikasso (premier bassin cotonnier d'Afrique de l'Ouest),
- Koutiala,
- Bougouni,
- Koulikoro,
- Ségou.

En 2024, le rendement moyen stagne à 1,1 – 1,3 tonnes/ha, ce qui est inférieur :

- Aux États-Unis (3 t/ha),
- A l'Inde (2 t/ha),
- A la Chine (2,2 t/ha).
- Les causes principales sont :
- Pluviométrie irrégulière,
- Faible mécanisation,
- Sols dégradés,
- Dépendance aux intrants importés,
- Faible intensification agricole.

2.2. Intrants, mécanisation et innovations agronomiques

Intrants :

Le coton malien dépend fortement de (MDR, 2024) :

- Engrais NPK,
- Urée,
- Pesticides.

Ces intrants sont quasiment entièrement importés, entraînant une vulnérabilité liée :

- Aux fluctuations du dollar,
- Aux coûts logistiques régionaux,
- Aux crises géopolitiques (Ukraine, Mer Rouge).

2.3. Innovations agricoles récentes (2023–2025)

Plusieurs projets importants :

- Nouvelles variétés résistantes à la sécheresse (IER/ICRISAT, 2025),
- Diffusion de semences à haut rendement,
- Initiatives de gestion intégrée des ravageurs (GIR),
- Tests de drone-spraying dans la zone de Koutiala (PP, 2024).

2.4. Mécanisation

La mécanisation reste faible :

- Taux de motorisation < **15 %**,
- Utilisation majoritaire d'attelages bovins.

Les défis techniques limitent la productivité : faible préparation des sols, retard de semis, difficulté de désherbage.

3. L'égrenage : cœur industriel actuel de la filière

3.1. Structure industrielle de l'égrenage

Le Mali dispose de (MDR, 2024) :

- 18 usines d'égrenage,
- Capacité installée > 770 000 tonnes,
- Taux d'égrenage moyen de 40–42 %.

Caractéristiques des usines

Selon (MDR, 2024) **:**

- Technologie majoritairement des années 1990–2000,
- Consommation énergétique élevée,
- Faible automatisation,
- Dépendance au gasoil et à l'électricité EDM-SA.

Taux d'utilisation de capacité
Selon (CMDT, 2024) :
- Années de forte production : **90–100 %**,
- Années de crise ou faible production : **< 40 %**.

La grande volatilité de la production annuelle entraîne des pertes industrielles importantes.

3.2. Résultats techniques de l'égrenage

Les rendements (CMDT, 2024) **:**
1 tonne de coton graine =
- 400 à 420 kg de fibre,
- 550 à 580 kg de graine,
- 20 à 30 kg de déchets.

Destination de la fibre
D'après (MDR, 2024)
- 97 % exportés vers l'Asie (Bangladesh, Inde, Chine, Vietnam),
- 3 % transformés localement.

4. Les sous-produits du coton : une richesse largement sous-exploitée

L'une des grandes faiblesses de la filière malienne est la sous-valorisation des sous-produits de l'égrenage, pourtant essentiels dans la majorité des pays producteurs.

4.1. Huile de coton

Potentiel
La graine de coton contient :
- 18–22 % d'huile,
- Soit potentiellement 90 000 tonnes d'huile par an si toute la graine était transformée.

Réalité
Le Mali transforme moins de 20 % de sa graine en huile (MDR, 2024) (USITC, 2024).

Applications
- Huile alimentaire raffinée,
- Margarine,
- Huile technique.

Le marché régional (UEMOA–CEDEAO) importe encore plus de 300 000 tonnes d'huile par an (FAO, 2024).

Le Mali pourrait devenir exportateur net d'huile s'il industrialisait sa graine.

4.2. Tourteaux de coton (aliments bétail)

Potentiel : Les tourteaux représentent 45 % de la graine (MDR, 2024).

Ils sont riches en :
- Protéines (23–28 %),
- Fibres,
- Énergie.

Rôle stratégique : Les tourteaux sont essentiels pour :
- L'embouche bovine,
- La filière lait,
- La volaille,
- L'élevage pastoral intensif.

Paradoxe Malien :
- Produit suffisamment de graine pour couvrir ses besoins,
- Mais importe 70 % des aliments bétail (API-Mali, 2024).
- Transformer la graine en tourteaux renforcerait la filière viande et la filière lait.

4.3. Biomasse et coques de coton

Les coques représentent 25–30 % de la graine et sont une ressource énergétique :
- Briquettes combustibles,
- Biogaz,
- Compost agricole,
- Alimentation générateurs industriels.

Les pays comme l'Inde utilisent déjà la biomasse coton pour alimenter les unités textiles. Le Mali peut réduire sa dépendance énergétique en valorisant la biomasse issue de l'égrenage.

5. Transformation textile et confection : une intégration encore très limitée

5.1. Situation actuelle :

Seulement, 3 % de coton transformé. Le Mali dispose de quelques unités historiques :

- COMATEX (Ségou) en difficulté chronique,
- SOTEXMA (Sikasso) capacité faible,
- Quelques ateliers de tissage artisanal.

Causes de la faible industrialisation

- Coût élevé de l'électricité (155–180 FCFA/kWh),
- Machines obsolètes,
- Faibles investissements privés,
- Concurrence agressive du textile asiatique,
- Absence de zones industrielles dédiées.

5.2. Comparaison régionale et internationale

Tableau 3 : Comparaison régionale et internationale

Pays	% de transformation locale	Source
Mali	3 %	CMDT (2024)
Côte d'Ivoire	12 %	Afrique Textile Report (2023)
Éthiopie	50 %	UNECA (2024)
Bangladesh	90 %	WTO (2023)

Le Mali est très en retard alors qu'il possède l'un des meilleurs cotons du monde (longue fibre, qualité supérieure).

5.3. Potentiel de développement textile

Marchés cibles dans la ZLECAf

- Pagnes traditionnels,
- Uniformes scolaires,
- Filature coton bio,
- Tissus d'ameublement,
- Textile médical (méga tendance post-COVID).

Avantage comparatif du Mali

- Coton de haute qualité,
- Réseau d'usines d'égrenage,
- Main d'œuvre abondante,
- Position géographique centrale en Afrique de l'Ouest.

6. Les limites actuelles de la chaîne de valeur

Les études de la (BM, 2024) , (FAO, 2023) et (UNCTAD, 2024) identifient les limites majeures :

- Intégration verticale faible
- Dépendance aux intrants importés
- Absence d'investissements industriels
- Faible compétitivité énergétique
- Faibles infrastructures logistiques
- Absence de clusters industriels textile
- Faible qualité et manque de certification HVI
- Absence de stratégie nationale coton-textile intégrée

La chaîne de valeur coton du Mali dispose d'atouts majeurs :

- Une production abondante,
- Une fibre de qualité supérieure,
- Des sous-produits à fort potentiel (huile, tourteaux, biomasse).

Cependant, elle est incomplète, faiblement industrialisée et centrée sur l'exportation brute, entraînant :

- Une perte de valeur ajoutée,
- Une faible création d'emplois industriels,
- Une exposition aux risques internationaux,
- Un manque de compétitivité régionale.

SECTION 3 : CONTRAINTES STRUCTURELLES DE LA FILIÈRE COTON AU MALI

1. Une filière stratégique mais structurellement vulnérable

La filière coton malienne, bien qu'elle constitue un pilier économique majeur, demeure fragilisée par un ensemble de contraintes structurelles profondément enracinées. Ces contraintes, observées à chaque niveau de la chaîne de valeur, production, égrenage, logistique, industrialisation, exportation, limitent la capacité du pays à transformer son potentiel en véritable moteur de transformation structurelle. Cette section examine de manière approfondie les contraintes suivantes :

- La volatilité des prix internationaux,
- La dépendance énergétique et logistique,
- La faible industrialisation textile,
- Les problèmes de qualité, certification et normes,
- Les contraintes institutionnelles,
- Les vulnérabilités climatiques, sécuritaires et financières.

2. Volatilité des prix internationaux : une contrainte majeure pour la stabilité macroéconomique

2.1. Dépendance aux marchés mondiaux

Le coton malien est vendu à plus de 97 % à l'exportation. La filière dépend donc entièrement du Cotlook A Index, c'est-à-dire du prix mondial du coton fibre. Entre 2010 et 2024, ce prix a fluctué entre (CMDT, 2024):

- 0,55 USD/lb (crise COVID-19)
- 1,34 USD/lb (pointe 2022 – perturbation Mer Rouge, guerre Ukraine).

Impact direct sur les recettes maliennes

Selon le (MDR, 2024), une variation de ±10 % du prix mondial entraîne un impact de ±22 à 28 milliards FCFA sur les recettes d'exportation. Cette sensibilité est due à :

- La quasi-absence de transformation locale,
- La dépendance aux clients asiatiques,
- L'absence de contrats à terme ou d'outils de couverture du risque (hedging),
- La centralisation de la commercialisation par la CMDT.

2.2. Effets sur la stratégie de production

Les producteurs réagissent fortement aux incitations-prix : (MDR, 2024)

- Quand le prix bord champ est inférieur à 225–250 FCFA/kg,
- Ils se tournent vers le maïs, le sésame ou l'arachide.
- Cela a provoqué :
- L'effondrement de la production en 2020–2021 (-77 %),

- Une instabilité récurrente des superficies emblavées,
- Une perte de compétitivité régionale face au Bénin et au Burkina.

Les causes structurelles de la volatilité (Mendez-del-Villar, P, 2023) (MDR, 2024) :

- Subventions massives aux États-Unis (Farm Bill).
- Stocks stratégiques chinois (qui peuvent faire varier le marché).
- Chocs géopolitiques (Ukraine, Mer Rouge, tensions Inde–Pakistan).
- Dépendance africaine à quelques acheteurs asiatiques.
- Absence de mécanismes africains de stabilisation des prix.

3. Dépendance énergétique et contraintes logistiques

3.1. Dépendance énergétique : le principal frein à l'industrialisation textile

Le plus grand obstacle à l'industrialisation coton-textile au Mali est le coût et la disponibilité de l'électricité. D'après les données de la (BM, 2024) et de (EDM S.A, 2024) :

- Coût du kWh industriel au Mali : 155–180 FCFA
- Sénégal : 95 FCFA
- Côte d'Ivoire : 82 FCFA
- Inde : 45 FCFA
- Bangladesh : 30 FCFA

L'industrie textile étant l'une des industries les plus électro-intensives, ce handicap structurel rend :

- La filature locale non compétitive,
- Le tissage difficile à rentabiliser,
- La confection peu attractive pour les investisseurs,
- Les usines obsolètes quasi impossibles à réhabiliter.

Causes :

- Faible production électrique nationale,
- Dépendance au diesel importé,
- Pertes techniques élevées (jusqu'à 24 %),
- Absence de tarifs industriels spécifiques,
- Infrastructures vieillissantes.

3.2. Contraintes logistiques : éloignement portuaire et inefficience des corridors

Le Mali dépend de trois corridors d'exportation :
- Abidjan (principal corridor coton),
- Dakar,
- Tema (Ghana).

Les coûts logistiques (BM, 2023) :
- Transport Sikasso–Abidjan : 68 USD/tonne,
- Transport Koutiala–Dakar : 94 USD/tonne,
- Transport Bamako–Tema : 105 USD/tonne.

Ce coût est 2 à 3 fois supérieur à celui observé en Asie.

Conséquences
- Perte de compétitivité,
- Dépendance à des transitaires étrangers,
- Délais longs (11 à 18 jours port, usine, port),
- Risques sécuritaires sur les corridors (attaques, racket, corruption).

4. Faible industrialisation textile : une chaîne de valeur incomplète

4.1. Un tissu industriel quasi inexistant

Le Mali transforme seulement 3 % de son coton.
Les deux usines historiques : (MDR, 2024)
- COMATEX (Ségou),
- SOTEXMA (Sikasso),

Fonctionnent en capacité réduite ou en intermittence. Elles souffrent de :
- Machines vétustes,
- Coûts énergétiques élevés,
- Gestion financière fragile,
- Manque d'investissements depuis les années 1990.

4.2. Dépendance au marché asiatique

Le coton fibre est exporté vers : (UNCTAD, 2024) (FAO, 2024)
- Bangladesh,
- Inde,
- Vietnam,
- Chine.

Ces pays assurent :
- Le filage,
- Le tissage,
- La teinture,
- La confection.

Puis revendent à l'Afrique… des tissus à forte valeur ajoutée. Ainsi, le Mali (MDR, 2024) perd plus de 80 % de la valeur possible de son coton.

4.3. Absence de filature moderne

Les filatures maliennes n'ont pas bénéficié d'investissements depuis plus de 20 ans. À titre comparatif :

Pays	**Filatures opérationnelles**	**% coton transformé**
Éthiopie	> 15	50 %
Bénin	3	10–12 %
Côte d'Ivoire	4	12–14 %
Mali	1–2 (faibles)	3 %

4.4. Absence de zones industrie textiles

D'après la (CMDT, 2023), le (MDR, 2024), et (HVI 2020) ne dispose pas de :
- Zones économiques spéciales (ZES) textile,
- Clusters coton-textile,
- Parc industriel intégré,
- Infrastructures adaptées à la filature.

Cette absence est un frein majeur à l'intégration dans la ZLECAf, où la compétition sera continentale.

5. Problèmes de qualité, certification et normes : un déficit stratégique

5.1. Laboratoires et certification HVI insuffisants

La qualité du coton est un facteur essentiel sur les marchés internationaux.

Lacunes actuelles (HVI 2020)
- Seulement 1 laboratoire HVI pleinement fonctionnel (Sikasso),

- Absence de certification ISO 17025,
- Faible traçabilité des lots,
- Absence de standardisation du classement selon normes ICAC.

Conséquences (BM, 2023)
- Décote de 3 à 7 % sur le prix mondial,
- Perte de crédibilité vis-à-vis des acheteurs asiatiques,
- Impossibilité de viser le marché du coton premium (Égypte, Turquie, Maroc).

5.2. Normes industrielles et environnementales insuffisantes

Dans la ZLECAf, les règles d'origine imposent :
- Transformation locale,
- Traçabilité,
- Conformité sanitaire,
- Respect des normes environnementales.

Le Mali présente des lacunes majeures :
- Absence de normes textiles nationales harmonisées,
- Faible contrôle de qualité des intrants (pesticides, engrais),
- Faible conformité environnementale (déchets de filature, eau, effluents).

6. Contraintes institutionnelles : gouvernance, financement, coordination

6.1. Gouvernance sectorielle centralisée et peu flexible

La CMDT contrôle :
- Production,
- Intrants,
- Égrenage,
- Commercialisation.

Ce modèle intégré verticalement a longtemps été une relative force. Mais il limite aujourd'hui (CMDT, 2023):
- L'entrée de nouveaux investisseurs,
- L'innovation industrielle privée,
- La diversification de la chaîne de valeur.

6.2. Faiblesse du financement industriel

L'industrie textile nécessite :
- Capex élevés,
- Investissements en machines modernes,
- Accès à des crédits long terme.

Barrières actuelles (BM, 2024):
- Banques frileuses,
- Taux d'intérêt élevés (7–11 %),
- Amortissement long (10–15 ans),
- Absence de garanties industrielles.

6.3. Faible coordination public–privé

La filière souffre d'un manque de :
- Stratégie nationale coton-textile,
- Vision industrielle cohérente,
- Coordination entre CMDT, MEF, Ministère de l'industrie et du commerce, Secteur privé,
- Rôle insuffisant des associations professionnelles.

7. Vulnérabilités climatiques, sécuritaires et macroéconomiques

7.1. Vulnérabilité climatique

Le coton est très sensible :
- Aux pluies tardives,
- Aux sécheresses,
- Aux attaques parasitaires (jassides, pucerons),
- Aux températures extrêmes.

Selon le GIEC Afrique, le Mali pourrait perdre 15 à 25 % de productivité cotonnière d'ici 2050 si aucune adaptation n'est engagée (GIEC Afrique, 2023).

7.2. Insécurité dans le centre et le sud

Bien que le coton soit concentré dans les régions du sud, l'insécurité :
- Perturbe le transport,
- Augmente les coûts logistiques,
- Entraîne le retrait de certains acheteurs.

7.3. Vulnérabilité financière

Le budget de la CMDT dépend :

- Des cours mondiaux,
- De la valeur du dollar,
- Du coût des intrants importés.

Le financement public de la filière devient de plus en plus lourd : (CMDT, 2024) (MDR, 2024)

- Subventions annuelles aux engrais : 35–60 milliards FCFA,
- Manque à gagner en cas de chute de prix : 20–40 milliards.

Cette section montre que la filière coton malienne est confrontée à des contraintes structurelles profondes, liées à :

- La volatilité des cours mondiaux,
- Les infrastructures énergétiques insuffisantes,
- Les limites logistiques,
- L'absence d'industrialisation textile,
- Les difficultés de certification,
- Le manque de financement industriel,
- Les vulnérabilités climatiques et sécuritaires.

Ces contraintes forment un système d'obstacles interdépendants qui empêchent :

- La montée en gamme,
- La diversification,
- L'intégration régionale,
- L'industrialisation,
- Et la valorisation des sous-produits.

SECTION 4 : PERSPECTIVES INDUSTRIELLES DE LA FILIÈRE COTON AU MALI

1. Du coton fibre exporté à l'ambition d'un complexe agro-industriel intégré

La filière coton du Mali, malgré sa place stratégique dans l'économie nationale, demeure une filière primaire, fondée sur : (CMDT, 2024), (MDR, 2024)

- La production agricole,
- L'égrenage,
- L'exportation brute de la fibre.

Cette structure limite la captation de valeur ajoutée, expose le pays aux chocs internationaux et empêche l'émergence d'un secteur industriel fort, pourtant essentiel pour la transformation structurelle prévue dans la Stratégie Nationale de Développement Industriel (SNEDD, 2022-2030) et les objectifs de la ZLECAf.

Cette section explore les perspectives industrielles de la filière autour de quatre piliers :

- Développement textile local,
- Agro-industrie (huilerie, savonnerie, aliments bétail),
- Opportunités ZLECAf,
- Clusters industriels régionaux et zones intégrées.

2. Développement textile local : la priorité stratégique pour capter la valeur ajoutée

2.1. Pourquoi le textile est crucial pour l'économie malienne ?

Selon (ONUDI, 2024) et la (CEA, 2023):

- La filière textile est l'une des plus grandes pourvoyeuses d'emplois au monde (après l'agriculture) ;
- La transformation du coton en fil, tissu puis vêtements permet de multiplier la valeur initiale par 5 à 12.

Ainsi :

- 1 tonne de coton fibre vendue brute = 1 600 – 2 000 USD
- 1 tonne transformée en fil = 3 500 – 4 000 USD
- 1 tonne transformée en tissu = 8 000 – 12 000 USD
- Transformée en vêtements = 20 000 – 30 000 USD

Le Mali capte aujourd'hui moins de 3 % de cette valeur potentielle.

2.2. Repositionner COMATEX et SOTEXMA comme pivots industriels

Les deux unités existantes peuvent être revitalisées dans une logique de PPP (Partenariat Public-Privé) :

COMATEX (Ségou) (CMDT, 2024)

- Capacité initiale : 18 000 tonnes/an
- Machines très obsolètes

- Coût de relance estimée : 60–80 millions USD (BM, 2024)

SOTEXMA (Sikasso) (CMDT, 2024) **:**
- Capacité : 4 000 tonnes/an
- Potentiel régional pour production de pagnes et uniformes
- Relance possible par un fonds régional CEDEAO

Perspectives (MDR, 2024)**:**
- Modernisation technologique (machines Rieter, Toyota Textile Machinery),
- Investissement dans l'énergie solaire hybride,
- Intégration progressive de la filature, tissage, teinture, confection.

2.3. Création d'un réseau d'ateliers de confection : un gisement d'emplois

La confection textile est l'un des segments les plus intensifs en main-d'œuvre. (African Union / UNDP, 2025). Selon (McKinsey & Company, 2024), l'Éthiopie a créé plus de 20 000 emplois en 6 ans grâce à des ateliers de confection orientés vers :
- Uniformes scolaires,
- Vêtements professionnels,
- Linge de maison,
- Prêt-à-porter régional.

Le Mali possède un potentiel comparable, particulièrement dans les villes suivantes :
- Sikasso,
- Koutiala,
- Ségou,
- Kayes (corridor ferroviaire futur Dakar–Bamako),
- Bamako (design & mode).

2.4. Le potentiel du coton biologique malien

Le Mali dispose d'un avantage décisif dans la production de coton biologique, prisée en Europe et aux États-Unis. Selon (Textile Exchange, 2024):
- Le marché du coton bio est estimé à **11,2 milliards USD**,
- La demande croît de 8 à 10 % par an.

Le coton malien pourrait obtenir (CMDT, 2023):
- La certification GOTS,

- La certification « Organic Cotton Standard ».

Une niche premium qui peut rapporter 30 à 40 % de plus.

3. Agro-industrie : huile, savon et aliments bétail, des segments aux marges stratégiques élevées

Les sous-produits représentent 50 à 60 % du potentiel de valeur du coton graine. Pourtant, le Mali n'en valorise qu'une fraction.

3.1. Huile de coton : une opportunité d'import-substitution et d'exportation

Potentiel théorique

Le Mali pourrait produire : (MDR, 2024)

- 90 000 à 110 000 tonnes d'huile par an.
- Actuellement : moins de 25 000 tonnes (IER., 2024).

Opportunités

- Réduire les importations d'huile alimentaire (100 milliards FCFA/an).
- Exporter vers le Sénégal, la Guinée, la Mauritanie.
- Créer une filière de biodiesel coton (TOCA, 2023).

Conditions de développement

- Réhabilitation des huileries industrielles (Koutiala, Koulikoro),
- Investissement dans le raffinage (neutralisation, désodorisation),
- Normes ISO 22000 et HACCP.

3.2. Tourteaux : levier stratégique pour la filière élevage

La demande régionale en tourteaux explose :

- UEMOA : +48 % entre 2018 et 2024, (FAO, 2024)
- Le Mali importe encore 70 % de ses aliments bétail (API-Mali, 2024).

Pourtant, le coton permet de produire un tourteau riche (23–28 % protéines).

Perspectives

- Réduction des importations de provende,
- Soutien à l'embouche bovine et au lait,
- Exportation vers Niger, Burkina, Togo.

3.3. La biomasse : une énergie industrielle d'avenir

Les coques et résidus du coton permettent :

- La production de briquettes combustibles,
- L'alimentation des chaudières industrielles,
- La production de biogaz,
- Le compost organique.

Exemples inspirants : (BM, 2023)

- Inde : 12 % des besoins thermiques du textile proviennent de la biomasse coton (MOFA, 2024).
- Tanzanie : projets pilotes de biochar à base de coques.

Pour le Mali, une adoption large pourrait réduire les coûts énergétiques de 25 à 35 % dans le textile.

4. Opportunités ZLECAf : un marché de 1,3 milliard de consommateurs

La ZLECAf (Zone de Libre-Échange Continentale Africaine) ouvre des perspectives majeures pour le coton et le textile.

4.1. Marchés cibles

Les pays africains importent : (UNCTAD, 2024). Plus de 43 milliards USD de textiles et vêtements par an (UNCTAD, 2024).

- Dont 28 milliards USD depuis l'Asie.

Le Mali peut remplacer une partie de ces importations grâce à :

- Ses pagnes,
- Ses tissus traditionnels,
- Ses uniformes,
- Son textile industriel (sacs, emballages).

4.2. Règles d'origine : un atout pour le Mali

D'après (UE, 2024) exige que le textile respecte :

- Transformation locale,
- Filature ou tissage local,
- Ajout de valeur minimale de 40 %.

Cela favorise :

- Les pays producteurs de coton (Mali, Burkina, Tchad),
- Les pays capables de transformer localement.

4.3. Avantages comparatifs et compétitifs du Mali

- Coton de haute qualité,
- Proximité de marchés de consommation (Sénégal, Côte d'Ivoire, Ghana),
- Main-d'œuvre jeune,
- Potentiel de clusters régionaux.

5. Développer des clusters industriels régionaux : une stratégie structurante

5.1. Pourquoi un cluster régional ?

Les clusters industriels permettent :
- Réduction des coûts énergétiques,
- Mutualisation des infrastructures,
- Création d'économies d'échelle,
- Stimulation de l'innovation.

Selon (ONUDI, 2024), les clusters permettent d'augmenter la productivité industrielle de 20 à 60 %.

5.2. Proposition de trois clusters stratégiques au Mali

5.2.1. Cluster Textile–Sikasso

- Proximité des bassins de production
- Ressource humaine abondante
- Idéal pour :
  - Filature,
  - Tissage,
  - Confection,
  - Allergues industrielles.

5.2.2. Cluster Agro-industriel–Koutiala

- Hub historique du coton malien
- Idéal pour :
  - Huilerie,
  - Savonnerie,
  - Tourteaux,
  - Biomasse.

5.2.3. Cluster Confection–Bamako

- Marché urbain dynamique
- Main-d'œuvre féminine abondante
- Idéal pour :
    - Vêtements,
    - Uniformes,
    - Textile médical,
    - Design et mode.

Cette section montre que la filière coton du Mali dispose d'un potentiel industriel exceptionnel, qui repose sur :

- Un coton de haute qualité,
- Une main-d'œuvre abondante,
- Un marché africain considérable (ZLECAf),
- Des sous-produits à forte valeur ajoutée.

Cependant, pour concrétiser ce potentiel, trois réformes majeures sont nécessaires :

- Industrialisation massive, orientée vers la filature, le tissage et l'agro-industrie.
- Énergie compétitive, transformation énergétique, biomasse et solaire industriel.
- Gouvernance modernisée, avec PPP, clusters et privatisation intelligente.

La filière coton pourrait alors devenir :

- L'un des moteurs de la transformation structurelle,
- Une plateforme industrielle exportatrice,
- Une filière intégrée créatrice de 100 000 emplois directs et indirects,
- Un pilier de l'économie malienne à l'ère de la ZLECAf.

PARTIE II :

SECTEURS STRATÉGIQUES, INFRASTRUCTURES ET INDUSTRIALISATION

(Mines Énergie Industrie manufacturière)

CHAPITRE 4 :

LE SECTEUR AURIFÈRE ET LE CONTENU LOCAL

SECTION 1 : STRUCTURE ET PRODUCTION DU SECTEUR AURIFÈRE MALIEN

1. Importance stratégique du secteur aurifère

Le secteur aurifère constitue aujourd'hui le pilier majeur de l'économie malienne, devant le coton et le bétail. Depuis près de vingt ans, l'or représente :

- ≈ > 80 % des recettes d'exportation (ITIE , 2024),
- 6 à 8 % du PIB,
- 9-10 % des recettes fiscales nationales (MEF, 2024) ,
- Plus de 1 280 milliards FCFA de revenus directs en 2023 et 835,1 milliards FCFA en recettes 2024,
- Environ 15 000 emplois directs et 300 000 à 2 000 000 emplois indirects, selon les différentes formes d'activité (Orpaillage artisanal vs. Mines industrielles).

Le Mali est classé en 2024 :

- 4e producteur d'Afrique avec 66 tonnes (USGS, 2024),
- Après le Ghana (1er), le Soudan (2e), et l'Afrique du Sud (3e),
- Et parmi les 20 premiers producteurs mondiaux.

Les mines industrielles constituent la partie la plus visible et la mieux documentée du secteur, mais l'orpaillage artisanal, largement informel, demeure un acteur économique et social incontournable, représentant jusqu'à 30 tonnes de production non déclarée selon (OCDE , 2023).

Cette dualité, mines industrielles capitalistiques versus orpaillage artisanal massif constitue l'une des caractéristiques fondamentales du système aurifère malien.

2. Mines industrielles : structure, acteurs, production

2.1. Cartographie et structure du secteur industriel

Le Mali dispose en 2024 de :

- 8 mines industrielles en production,
- 4 projets avancés,
- Plus de 20 permis d'exploration actifs.

Les mines industrielles sont concentrées dans les régions :
- Kayes (Kéniéba, Sadiola, Yatela) 70 % de la production,
- Sikasso (Yanfolila) 15 %,
- Koulikoro (Morila, Kodiéran) 10 %,
- Ménaka et Gao 5 % (exploration et or alluvionnaire).

Tableau 4 : Principales compagnies actives (2024–2025)

Compagnie	Mine	Région	Production 2023–2024	Origine
Barrick Gold Corporation	Loulo–Gounkoto	Kayes	~650 000 oz/an (20 t)	Canada
B2Gold Corp.	Fekola	Kayes	~580 000 oz/an (18 t)	Canada
Hummingbird Resources	Yanfolila	Sikasso	~80 000 oz/an (2,5 t)	Royaume-Uni
Allied Gold	Sadiola, Yatela	Kayes	~150 000 oz/an (5 t)	Canada / UK
Resolute Mining (historique)	Syama	Sikasso	(mise en maintenance en 2023)	Australie
Robex Resources	Nampala	Ségou	~50 000 oz/an (1,6 t)	Canada
Firefinch (Morila SA)	Morila	Koulikoro	(production réduite, restructuration)	Australie

Tableau 5 : Production industrielle totale (Mali, 2018–2024)

Année	Production (tonnes)	Source
2018	61,2 t	ITIE
2019	65,2 t	MEF
2020	66,0 t	USGS
2021	63,5 t	ITIE Mali 2022
2022	65,0 t	MEF 2023
2023	67,4 t	MEF 2024
2024	≈ 66 t (estimation)	USGS 2024

La production demeure relativement stable malgré :
- La baisse des teneurs en or,
- La hausse des coûts logistiques (Financial Afrik, 2025),

- L'instabilité sécuritaire dans les zones minières,
- Les contraintes énergétiques.

Cependant, plusieurs gisements arrivent en phase tardive de vie, ce qui nécessitera :
- Davantage d'exploration,
- L'ouverture de nouvelles mines,
- La révision de la stratégie minière nationale.

3. L'orpaillage artisanal : économie populaire et risques structurants

3.1. Importance économique et sociale

L'orpaillage artisanal représente :
- L'orpaillage artisanal mobilise entre 800 000 et 1,7 million d'actifs,
- Représente 30 à 50 % de la production aurifère totale,
- Constitue une source de subsistance pour plus de quatre millions de personnes,
- Et génère une économie estimée entre 300 et 500 milliards FCFA par an.

Ces chiffres font du Mali l'un des principaux pays d'orpaillage artisanal en Afrique aux côtés du Burkina Faso, de la Guinée, du Ghana et du Soudan.

3.2. Caractéristiques structurantes

- Activité informelle, parfois illégale
- Forte mobilité de la main-d'œuvre
- Usage massif de mercure et cyanure
- Absence de protection sociale et sécurité
- Présence d'enfants travailleurs dans certaines zones
- Exploitation économique par des réseaux transfrontaliers

4. Flux financiers, fiscalité et contribution à l'économie

4.1. Contribution fiscale du secteur aurifère

Selon (ITIE , 2024), les mines industrielles ont versé :
- 358 milliards FCFA de contribution fiscale en 2023,
- dont :
    - IS : 92 milliards,

- Redevances minières : 168 milliards,
- Droits et taxes diverses : 98 milliards.

Parts relatives dans les finances publiques
- 21–28 % des recettes fiscales (MEF, 2024)
- 65–72 % des exportations
- 6–8 % du PIB

4.2. Exportations et flux transfrontaliers

La quasi-totalité de l'or malien est exportée :
- Vers Dubaï (Émirats arabes unis) : > 80 %,
- Vers la Suisse (raffinage) : 10 %,
- Turquie et Inde : 5 %,
- Autres : 5 %.

Selon le UN Comtrade 2024 :
- Les Émirats déclarent 14 milliards USD d'importation d'or malien,
- Alors que le Mali ne déclare que 6 à 7 milliards USD.

Ce différentiel multibillionnaire confirme un important trafic illicite de l'or.

5. Dysfonctionnements macroéconomiques dans la chaîne de valeur aurifère

- Sous-déclaration de la production artisanale ce qui engendre pertes fiscales massives.
- Évasion vers les Émirats arabes unis impliquant les divergences statistiques de 150 à 180 % (UNCTAD, 2024)
- Faible intégration nationale dans les dépenses minières environs 697 milliards FCFA d'importations de biens et services miniers en 10 ans (API-Mali, 2024).
- Faibles capacités de contrôle et certification traduisant l'absence d'une raffinerie nationale, et de laboratoire national ISO.

Le secteur aurifère malien repose sur une structure duale :

- Mines industrielles

Modernes, capitalistiques, contrôlées par des multinationales, générant la quasi-totalité des recettes fiscales.

- **Orpaillage artisanal**

Massif, informel, dispersé, socialement vital mais économiquement incontrôlé. Cette dualité engendre :

- Une forte dépendance aux prix internationaux,
- Des pertes fiscales colossales,
- Un faible niveau de transformation locale,
- Une très faible participation des entreprises nationales,
- Une extraversion structurelle de la valeur ajoutée.

Le secteur aurifère est donc extrêmement riche, mais faiblement intégré, peu industrialisé, et loin d'être optimisé pour le développement national.

Ceci rend la question du contenu local indispensable, ainsi que celle :

- De la souveraineté économique,
- De l'industrialisation minière,
- De la transparence,
- De la transformation locale (raffinerie),
- Et de l'intégration sous-traitante des PMEs maliennes.

SECTION 2 : LA CHAÎNE DE VALEUR AURIFÈRE AU MALI

1. Une chaîne de valeur extravertie et incomplète

La chaîne de valeur aurifère du Mali se caractérise par une forte extraversion, une intégration faible, et une captation externe de la valeur ajoutée. Alors que le pays se situe parmi les quatre plus grands producteurs africains d'or, seulement 3 % de la valeur créée reste réellement dans l'économie nationale (ITIE , 2024).

Cette situation s'explique par :

- Une chaîne de valeur dominée par les multinationales,
- Une transformation locale quasi inexistante,
- L'absence de raffinerie nationale,
- L'absence de fournisseurs industriels locaux,
- Une sous-traitance massivement importée,
- Un cadre institutionnel encore faible,
- Un orpaillage artisanal non structuré,
- Des flux commerciaux opaques.

Pour comprendre les leviers de changement, il faut d'abord analyser la structure complète de la chaîne de valeur aurifère.

2. La chaîne de valeur aurifère : de l'extraction à l'exportation

La chaîne de valeur aurifère se décompose en six grandes étapes :

- Prospection et exploration
- Extraction (mines industrielles ou artisanales)
- Traitement et transformation primaire
- Affinage / Raffinage
- Commercialisation internationale
- Répartition des revenus et fiscalité

Au Mali, seules les étapes 1, 2 et 3 sont réalisées localement de façon significative. Les étapes 4, 5 et une partie de 3 sont quasi totalement externalisées.

2.1. Prospection et exploration : un secteur 100 % dominé par les multinationales

Les activités de prospection et d'exploration minière sont essentiellement financées par :

- Barrick Gold,
- B2Gold,
- Allied Gold,
- Hummingbird Resources,
- Robex,
- Divers juniors canadiennes et australiennes (Compass Gold, Cora Gold, etc.).

98 % des permis de recherche en 2024 sont attribués à des entreprises étrangères (MM, 2024). Les entreprises maliennes sont quasi absentes, faute :

- De capital,
- D'expertise géologique,
- D'équipements,
- De formation,
- De données géoscientifiques.

Les données géologiques nationales restent peu numérisées, partiellement obsolètes, et sous-explorées, malgré les travaux du Projet de Cartographie Géologique (PGM, Banque Mondiale).

3. Extraction et transformation primaire : le cœur de la production, mais pas de la valeur

3.1. Extraction industrielle : technologies modernes, faible intégration locale

Les mines industrielles exploitent :

- Des carrières à ciel ouvert (Fekola, Loulo, Gounkoto, Sadiola),
- Des mines souterraines (Yalea, Gara — Barrick Gold).
- La production industrielle implique :
- Équipements lourds importés (CAT, Komatsu, Hitachi),
- Dynamitage,
- Concassage,
- Lixiviation au cyanure,
- Broyage,
- Traitement gravimétrique,
- Coulée du doré (alliage d'or, d'argent et d'impuretés).

Le doré (80–92 % or) représente le produit final exporté sans raffinage.

Les multinationales contrôlent :

- L'ingénierie,
- L'énergie,
- Les pièces de rechange,
- Les intrants chimiques,
- Les explosifs,
- La logistique,
- Les mesures de sécurité,
- La maintenance.

Le Mali ne contrôle que :

- La main-d'œuvre non qualifiée,
- Une portion limitée des services de sécurité,
- Le transport local,
- La fiscalité.

3.2. Extraction artisanale (orpaillage) : une production massive mais informelle

L'orpaillage représente :

- Entre 20 et 30 tonnes non déclarées par an (OCDE , 2023),
- Un chiffre d'affaires pouvant atteindre 300 à 500 milliards FCFA/an,
- Plus d'1 million d'actifs dans les périodes de forte production.

Problèmes structurels

- Utilisation du mercure, pollution grave
- Absence de certification, exportations hors contrôle
- Fuite massive vers les Émirats arabes unis
- Exploitation par des réseaux informels transfrontaliers
- Faible capacité des coopératives d'orpaillage

L'orpaillage est une activité vitale mais représente aussi la plus grande fuite économique du pays.

4. Le raffinage : le maillon manquant de la chaîne de valeur

4.1. Absence de raffinerie nationale : un manque à gagner colossal

Le Mali n'a aucune raffinerie d'or certifiée LBMA (London Bullion Market Association), ce qui entraîne :

- Exportation du doré brut, perte de valeur ajoutée
- Dépendance totale aux raffineries étrangères
- Impossibilité de contrôler la qualité réelle des exportations
- Vulnérabilité aux fraudes, manipulations et sous-déclarations

Selon (UN Comtrade, 2024), l'or malien est raffiné à :

- 80 % du doré part de manière officielle ou officieuse vers Dubaï
- 10 % vers la Suisse (Valcambi, Metalor)
- 5 % Turquie
- 5 % Inde, Belgique, Espagne

4.2. Différence statistique majeure :

Les Émirats déclarent 14 milliards USD d'or provenant du Mali. Le Mali n'en déclare que 6–7 milliards. Cette différence de 7–8 milliards USD constitue :

- Une perte fiscale,
- Un problème de souveraineté,
- Un défi géopolitique majeur

5. Sous-traitance : un système presque totalement externalisé

5.1. Structure des dépenses des compagnies minières

Les mines industrielles dépensent en moyenne :
- 70 % en achats internationaux,
- 15 % en services logistiques régionaux,
- 15 % en main-d'œuvre locale et services locaux.

Sur 697 milliards FCFA d'achats en 10 ans, moins de 12 % ont bénéficié aux entreprises maliennes (API-Mali, 2024).

Principaux postes importés :
- Équipements et pièces de rechange
- Explosifs (Orica, AEL Mining Services)
- Produits chimiques (cyanure, soude caustique)
- Groupes électrogènes et fuel
- Excavatrices, dumpers, bulldozers
- Analyses métallurgiques
- Sécurité industrielle (gammes spécialisées non disponibles localement)

Les entreprises maliennes interviennent essentiellement dans :
- Catering,
- Gardiennage,
- Transport local,
- Location de véhicules,
- Fournitures de faible valeur.

Cela représente moins de 5 % de la valeur réelle de la chaîne.

5.2. Comparaison régionale : le Mali en retard sur la transformation

Ghana : modèle régional
- Raffinerie d'or nationale certifiée
- Local Content Act (Government of Mali, 2013)
- 50 % des services miniers doivent être locaux
- Plus de 1 500 PMEs certifiées fournisseurs miniers

Tanzanie

- Obligations légales de transformation
- 5 % du capital des mines réservé à des nationaux
- 3 raffineries nationales fonctionnelles

Afrique du Sud

- Chaîne de valeur complète
- Filière minière la plus industrialisée d'Afrique
- Industrie mondiale d'équipements miniers

Conclusion comparative

Le Mali reste parmi les pays :

- Les plus dépendants des multinationales,
- Les moins industrialisés,
- Les plus exposés aux fuites financières,
- Les moins avancés dans le contenu local.

6. Faiblesses techniques et institutionnelles de la chaîne de valeur

Parmi ces faiblesses, nous distinguons :

- Absence de laboratoires nationaux certifiés ISO/CEI 17025 impossibilité de certifier localement la teneur en or.
- Absence de raffinerie nationale Perte de milliards de FCFA de valeur ajoutée.
- Cadastre minier insuffisamment digitalisé problème de transparence, risques de corruption.
- Faible intégration des PMEs locales manque de standardisation, incapacité à livrer aux normes internationales.
- Dépendance énergétique totale 50 % des coûts d'opération liés à l'énergie dans certaines mines.
- Transport et logistique coûteux enclavement, corridors menacés (CEDEAO, 2022-2023).

7. Les pertes financières liées à l'extraversion de la chaîne

On estime que le Mali perd :

- 300 milliards FCFA/an à cause de l'absence de transformation locale,

- 100 à 150 milliards FCFA/an pour cause de trafic illicite,
- 50 à 70 milliards FCFA dus à l'absence de certification nationale,
- Jusqu'à 30 % de valeur en exportant du doré non raffiné.

Au total, ce sont 500 à 700 milliards FCFA/an qui échappent au pays.

La chaîne de valeur aurifère du Mali se caractérise par :

- Une faible industrialisation,
- Une dépendance excessive vis-à-vis des multinationales,
- Un niveau quasi nul de contenu local,
- Une exportation brute non compétitive,
- Une fuite massive de capitaux,
- Une structure institutionnelle faible,
- Une absence d'intégration aux chaînes globales de valeur.

Le Mali produit l'or, mais n'en tire ni la valeur, ni la technologie, ni l'industrialisation.

SECTION 3 : LE CONTENU LOCAL DANS LE SECTEUR AURIFÈRE MALIEN

1. Le contenu local comme enjeu stratégique de souveraineté économique

Le contenu local, ou Local Content, désigne l'ensemble des politiques, mécanismes et obligations permettant d'augmenter la participation nationale aux chaînes de valeur d'un secteur stratégique, en l'occurrence le secteur minier. Il s'agit de favoriser l'usage :

- De biens et services locaux,
- De main-d'œuvre nationale,
- De technologies locales,
- De financements nationaux,
- De PMEs nationales certifiées,
- D'infrastructures et d'équipements produits localement.

L'objectif est double :

- Maximiser les retombées économiques locales en augmentant la valeur ajoutée captée.

- Réduire l'extraversion du secteur minier en diminuant les importations de biens et services.

Au Mali, la mise en œuvre d'un contenu local ambitieux est devenue impérative pour trois raisons majeures :

- Les mines représentent 70 % des exportations mais moins de 10 % de la valeur reste dans le pays.
- L'économie reste extrêmement dépendante du capital étranger.
- Les achats miniers internationaux atteignent 697 milliards FCFA sur 10 ans (API-Mali, 2024).

Le contenu local constitue donc un pilier central d'une stratégie d'industrialisation, de souveraineté économique et de transformation structurelle.

2. Cadre juridique et institutionnel du contenu local au Mali

2.1. Le Code minier de 1991, 1999, 2012 et 2019 : évolution progressive mais incomplète

Code Minier 1991

- Première modernisation : ouverture totale aux investisseurs étrangers.
- Aucune disposition sur le contenu local.

Code Minier 1999

- Légère amélioration fiscale.
- Toujours aucune politique structurée d'intégration locale.

Code Minier 2012

- Introduit pour la première fois :
  - La priorité à l'emploi local,
  - L'utilisation des entreprises nationales « quand elles sont compétitives ».
- Formulation vague, application faible.

Code Minier 2019 (révisé 2023)

Il marque un tournant important. Il introduit explicitement :

- Une préférence nationale pour les biens et services,
- La priorité d'embauche de cadres maliens,
- L'obligation de former les nationaux,
- L'obligation d'élaborer un Plan de Contenu Local (PCL),
- Le renforcement des sanctions en cas de non-application,
- Des limitations sur les exonérations fiscales,
- Des contributions plus fortes aux collectivités.

Cependant, le texte reste moins contraignant que :
- La loi nigériane (Local Content Act 2010),
- Les politiques du Ghana (Regulations 2013, LI 2173),
- Les normes tanzaniennes (Government of Tanzania, 2018).

2.2. Institutions impliquées

- Ministère des Mines (DNGM)
- Cadastre minier
- INPS, DGM, DNSF
- ITIE Mali (transparence)
- API-Mali (soutien PMEs fournisseurs)

Mais il n'existe pas encore :
- D'Agence Nationale du Contenu Local Minier,
- De registre unique des fournisseurs,
- De systèmes de certification des PMEs (« Mining Supplier Certification »),
- D'obligations chiffrées (exemple : 40 %, 50 %).

Cela limite fortement l'application des politiques.

3. Le niveau réel d'intégration locale : un diagnostic sévère

3.1. Participation nationale à l'emploi : un progrès limité

Selon (ITIE , 2024):
- 94 % de la main-d'œuvre totale des mines industrielles est malienne,
  MAIS :
- Seulement 12 à 18 % de cadres sont maliens,
- 0–5 % des postes stratégiques (direction mine) sont occupés par des nationaux.

Autrement dit, le contenu local est élevé dans les emplois non qualifiés, mais extrêmement faible dans les emplois qualifiés. L'une des raisons principales est la faible disponibilité de capital humain.

3.2. Sous-traitance locale : un niveau quasi nul

Sur les 697 milliards FCFA d'achats miniers internationaux sur les 10 dernières années :

- Seulement 10 à 12 % proviennent de fournisseurs maliens certifiés,
- Et principalement dans des segments à faible valeur ajoutée :
    - Catering,
    - Gardiennage,
    - Transport local,
    - BTP simple,
    - Fournitures de bureau,
    - Location de véhicules.

En revanche, les segments à forte valeur ajoutée restent entièrement importés :

- Équipements miniers (CAT, Komatsu, Sandvik),
- Pièces de rechange,
- Explosifs industriels,
- Chimiques (cyanure, floculants),
- Ingénierie,
- Tests métallurgiques,
- Sécurité industrielle,
- Energie (groupes électrogènes, fuel),
- Géosciences.

Le Mali ne dispose d'aucune entreprise capable de fournir :

- Des concasseurs,
- Des foreuses,
- Des usines de lixiviation,
- Des convoyeurs,
- Des équipements de sécurité minière de catégorie A,
- Des laboratoires métallurgiques certifiés.

Le contenu local dans les achats miniers se situe donc à moins de 5 % de la valeur totale de la chaîne.

3.3. Transformation locale : quasi inexistante

Le Mali exporte du doré brut (80–92 % d'or). Cela entraîne une perte :

- De 30 à 35 % de la valeur potentielle,
- De toute la plus-value du raffinage,
- Du contrôle de qualité,
- Des emplois liés au secteur chimique et métallurgique,
- Des recettes fiscales sur la transformation.

Aucun pays industrialisé n'exporte du doré brut : Ghana, Tanzanie, Afrique du Sud, Maroc disposent tous de raffineries certifiées.

3.4. Certification, laboratoires et normes : un vide total

Il n'existe aucun laboratoire national certifié ISO/CEI 17025 pouvant :

- Certifier la pureté de l'or,
- Contrôler les teneurs,
- Garantir les exportations.

Ce qui engendre des conséquences :

- Dépendance totale aux laboratoires étrangers,
- Possibilité de manipulation des teneurs,
- Perte de souveraineté dans la valorisation,
- Pertes fiscales massives.

3.5. Gouvernance et transparence : faiblesse systémique

Malgré les progrès ITIE, persistent :

- Sous-déclaration,
- Exportations illicites,
- Pertes fiscales,
- Captation étrangère des rentes,
- Asymétrie d'information entre État et compagnies.

Les Émirats arabes unis déclarent 14 milliards USD d'or malien, alors que le Mali déclare 7 milliards USD à peine (UNCTAD, 2024).

Cette différence représente :
- 7 milliards USD de flux illicites,
- Soit environ 4 200 milliards FCFA de pertes.

4. Les limites structurelles du contenu local : analyse approfondie

4.1. Captation des rentes par les multinationales

Les multinationales détiennent :
- La technologie,
- Le capital,
- L'ingénierie,
- Les machines,
- Les réseaux logistiques,
- Les circuits commerciaux.

Elles contrôlent :
- 90 % de la valeur créée,
- 100 % de l'expertise,
- 99 % des services spécialisés.

Le Mali ne capte principalement que :
- La fiscalité (limitée),
- Une main-d'œuvre peu qualifiée,
- Les quelques services périphériques.

4.2. Faible capitalisation des PMEs locales

Les PMEs nationales souffrent :
- D'insuffisance de fonds propres,
- De difficultés d'accès au crédit,
- De manque de certification,
- D'absence de normes ISO,
- D'un faible niveau technologique,
- D'un manque de spécialisation minière.

Les mines exigent :
- Certification ISO 9001,
- ISO 45001,
- ISO 14001,
- Normes d'explosifs,
- Contrôle de qualité rigoureux,

- Sécurité renforcée,
- Conformité internationale.

Or, moins de 2 % des PMEs maliennes sont certifiées.

4.3. Dépendance énergétique extrême

Le coût énergétique représente jusqu'à 50 % des coûts d'exploitation dans certaines mines souterraines. Le Mali souffre :
- D'un déficit énergétique chronique,
- D'une dépendance aux groupes électrogènes et au diesel,
- D'un manque d'électricité à bas coût.

Sans énergie compétitive, il est impossible :
- D'attirer des industries minières,
- De développer le raffinage,
- De produire des intrants,
- De soutenir un écosystème industriel local.

4.4. Déficit de formation et de capital humain

Les universités publiques maliennes n'offrent pas, à ce jour :
- D'école nationale des mines,
- De cursus en métallurgie,
- De formation d'ingénieurs miniers,
- De doctorats en géosciences appliquées.

Résultat :
- Les mines recrutent leurs cadres à l'étranger,
- Les Maliens restent cantonnés aux postes d'exécution,
- Absence d'innovation nationale,
- Dépendance technologique totale.

5. Enseignements comparatifs : comment font les pays performants ?

Nigeria : Local Content Act 2010
- Quotas obligatoires (30 % local minimum dans services, 50 % dans transport),
- Fonds national du contenu local,
- Certification obligatoire des fournisseurs,
- Sanctions fortes.

Ghana: Mining Local Content Regulations 2013

- Liste détaillée de biens et services réservés aux Ghanéens,
- Obligations annuelles de rapportage,
- Plus de 1 500 fournisseurs locaux certifiés.

Tanzanie : Mining Regulations 2018

- 5 % du capital des mines réservé aux nationaux,
- Obligations de formation,
- Transformation locale obligatoire.

Botswana : modèle de transparence et capitalisation

- Partenariat étatique stratégique (De Beers / gouvernement),
- Formation massive,
- Transformation locale du diamant.

Le Mali est loin derrière sur tous les indicateurs. Le contenu local au Mali reste extrêmement faible, malgré un cadre juridique en amélioration. Cette faiblesse résulte de :

- La domination des multinationales,
- L'absence de raffinerie nationale,
- Le faible niveau de formation,
- L'insuffisance de financement pour les PME,
- Le déficit énergétique,
- Le manque de certification,
- Les exportations massives non déclarées,
- L'absence d'une agence nationale de contenu local.

Le pays, reste un pays minier, pas encore une économie minière.

SECTION 4 : IMPACTS ET PERSPECTIVES DU SECTEUR AURIFÈRE MALIEN

1. Une industrie puissante, mais peu transformative

Le secteur aurifère malien constitue le pilier financier de l'économie nationale :

- 1er produit d'exportation (65–72 % des exportations)
- Première source de recettes fiscales (21–28 %)
- 1er contributeur aux réserves de change
- 6–8 % du PIB (MEF & ITIE, 2024)

Mais cette puissance apparente masque une réalité structurelle :

- Faible impact sur le développement,

- Faible transformation locale,
- Faible intégration industrielle,
- Faible contenu local,
- Faibles retombées dans les régions minières,
- Forts impacts environnementaux,
- Tensions sociales persistantes,
- Pertes financières liées à la contrebande.

2. Emploi et retombées sociales : un potentiel encore sous-exploité

2.1. Emploi direct dans les mines industrielles : une contribution modérée

Selon les données consolidées (ITIE , 2024):

- Emplois directs : 12 000–15 000
- Emplois indirects : 40 000–70 000
- Emplois induits : 100 000–150 000
- Emplois dans l'orpaillage artisanal : 700 000 à 1,7 million

Particularités structurelles :

- Très forte localisation régionale : Kayes (Kéniéba) concentre plus de 60 % des emplois industriels
- Forte dépendance des emplois non qualifiés
    - 90 % des postes non qualifiés attribués à des Maliens
    - Mais moins de 20 % des postes qualifiés
- Rotation rapide de la main-d'œuvre
    - Due à la nature des contrats
    - Manque de formation continue
    - Faible attractivité des carrières minières
- Présence significative de travailleurs expatriés
    - Ingénieurs, géologues, métallurgistes
    - Principaux postes de direction
    - Spécialistes maintenance industrielle

2.2. Emploi dans l'orpaillage artisanal : un secteur vital mais vulnérable

L'orpaillage artisanal est un pilier socio-économique majeur, représentant :

- Jusqu'à 12 % de la population active,

- 1 million à 2 millions de personnes impactées,
- Plus de 300 000 ménages dépendants,
- Un chiffre d'affaires annuel estimé entre 300 et 500 milliards FCFA.

Avantages socio-économiques :
- Source d'emploi en zones rurales
- Absorbe les jeunes non qualifiés
- Réduit les migrations vers les zones urbaines
- Forme un tissu économique informel dynamique
- Stimule le commerce régional (Sénégal, Guinée)

Risques et vulnérabilités :
- Absence totale de protection sociale
- Forte présence d'enfants travailleurs
- Conflits fonciers et tensions communautaires
- Incidents mortels fréquents (effondrements)
- Pollution grave au mercure et cyanure
- Infiltration de réseaux criminels transfrontaliers

3. Retombées locales : un impact économique limité pour les territoires miniers

3.1. Contribution aux collectivités territoriales : des montants modestes

Selon le Code minier 2019, les sociétés minières doivent contribuer au Fonds de Développement Local (FDL) avec 0,25 % du chiffre d'affaires (République du Mali, 2019).

Montants versés en (ITIE, 2023) :
- Barrick : 11 milliards FCFA
- B2Gold : 8 milliards FCFA
- Allied Gold / SEMOS : 4 milliards FCFA
- Robex : 1 milliard FCFA

Total : 24 milliards FCFA.

Comparé à la richesse extraite, contribution < 3 % des revenus miniers.

3.2. Problèmes structurels des retombées locales

- Inégalités territoriales fortes

- Kéniéba (Kayes) : pauvreté en infrastructures malgré la présence de Barrick et B2Gold
- Yanfolila, Fourou : routes très dégradées
- Nioro, Kita : faible accès aux services sociaux

- Déficit de transparence dans l'utilisation des fonds

- Gouvernance locale faible
- Faible planification territoriale
- Corruption et captation politique

- Absence d'articulation entre mines et développement régional

- Pas de stratégies régionales de diversification
- Faible coordination entre État / collectivités / compagnies

4. Impact environnemental : un coût élevé pour les écosystèmes

4.1. Mines industrielles : impacts maîtrisables, mais réels

Les principales nuisances observées :

- Déforestation (Kayes, Sikasso)
- Pollution du sol par hydrocarbures
- Risques de ruptures de digues à résidus
- Stress hydrique
- Consommation énergétique élevée
- Relargage de cyanure et nitrates

Les compagnies respectent en général les normes IFC (World Bank, 2012), mais :

- Les contrôles de l'État sont insuffisants
- Les laboratoires environnementaux sont peu équipés
- Les sanctions en cas de non-conformité sont faibles

4.2. Orpaillage artisanal : un impact environnemental alarmant

L'orpaillage artisanal est le premier pollueur environnemental du secteur minier, causant :

- Pollution grave au mercure

- 1 kg de mercure rejeté pour 1 kg d'or produit (UNEP, 2023)
- Contamination des sols, eaux, rivières
- Risques de maladies neurologiques

- Déforestation rapide

- Zones de Kéniéba, Kangaba, Yanfolila
- Disparition de forêts galeries

- Dégradation des sols

- Cratères ouverts, zones instables
- Effondrement des puits
- Absence de remise en état

- Infiltration de produits chimiques

- Cyanure utilisé sans contrôle
- Contamination des nappes phréatiques

- Conflits homme–faune

- Migration des animaux
- Destruction des habitats naturels

5. Modernisation de l'orpaillage artisanal : un impératif national

5.1. Les raisons de la modernisation :

Parce que l'orpaillage artisanal représente :

- Jusqu'à plus de 30 % de la production totale,
- La principale source de revenus dans de nombreuses zones rurales,
- Un secteur de survie pour 1 million de Maliens,
- Une source majeure de pollution,
- Une énorme fuite financière (300 milliards/an).

5.2. Axes stratégiques de modernisation

- Formalisation et enregistrement des coopératives

- Attribution de permis artisanaux
- Création d'un registre national des orpailleurs

- Formation aux pratiques sécurisées

- Zones d'orpaillage supervisées

- Systèmes de lavage sans mercure
- Bassins de décantation
- Centres d'achat certifiés

- Laboratoires régionaux de contrôle des teneurs

- Pour éviter la fraude
- Pour améliorer la valorisation

- Introduction de technologies propres

- Gravimétrie avancée
- Techniques de récupération sans mercure
- Technologies minières simplifiées

- Création d'une banque d'achat nationale pour :

- Canaliser la production
- Stabiliser la fiscalité
- Empêcher la contrebande vers Dubaï
- Sécuriser les flux financiers

6. Perspectives stratégiques : vers une transformation structurelle du secteur aurifère

Axe 1 : Industrialisation minière :

Le Mali doit impérativement :

- Créer une raffinerie d'or nationale certifiée LBMA,
- Développer une filière métallurgique (fonderies, pièces de rechange),
- Installer des usines d'explosifs industrielles,
- Produire localement une partie des intrants miniers.

Ces industries sont possibles car :

- Elles existent au Ghana, Tanzanie, Afrique du Sud
- Elles réduisent les importations de 30 à 40 %
- Elles créent 15 000 à 20 000 emplois indirects

Axe 2 : Développement du contenu local

Quatre réformes prioritaires :

- Création d'une Agence Nationale du Contenu Local Minier
    - Certification des PME
    - Quotas obligatoires
    - Suivi-évaluation

- Création de centres de formation minière
    - Écoles des mines
    - Centres technologiques
    - Programmes doctoraux appliqués
- Développement d'un registre national des fournisseurs miniers
    - Normes ISO
    - Programmes d'accompagnement
    - Financements spécialisés
- Obligation de rapport annuel de contenu local sur le modèle ghanéen

Axe 3 : Gouvernance et souveraineté économique
Réformes nécessaires :
- Digitalisation du cadastre minier
- Transparence contractuelle
- Renforcement des inspections
- Création de laboratoires nationaux certifiés
- Alignement sur les normes ITIE+
- Contrôle strict des exportations

Axe 4 : Régionalisation et clusters miniers
Développer trois clusters miniers intégrés :
- **Cluster Kayes–Kéniéba (or industriel)**
    - Zone de transformation
    - Zones d'orpaillage modernisées
    - Écoles des mines régionales
- **Cluster Sikasso (or + lithium)**
    - Opportunité d'industrialisation minière
    - Synergie avec les corridors logistiques
- **Cluster Gao–Ménaka (potentiel pétrolier + or alluvionnaire)**

À moyen et long terme. Il nécessite une stabilité sécuritaire

Le secteur aurifère malien offre un potentiel colossal : richesse minérale exceptionnelle, position géostratégique et importance macroéconomique centrale. Mais ce potentiel est aujourd'hui tributaire de ce que nous pouvons qualifier difficultés liées aux 5 P :
- Peu transformé,
- Peu domestiqué,

- Peu industrialisé,
- Peu inclusif,
- Peu durable.

Pour devenir un moteur de transformation structurelle, il est indispensable :

- D'industrialiser : raffinerie, intrants miniers, métallurgie
- De moderniser l'orpaillage
- D'augmenter radicalement le contenu local
- De professionnaliser les PME
- De renforcer la gouvernance
- De créer les institutions manquantes
- D'investir dans le capital humain
- De renforcer la souveraineté économique

Comme le montrent les expériences du Ghana et de la Tanzanie, un pays africain peut transformer une industrie minière en moteur de développement, à condition de disposer :

- D'un État stratège,
- D'un cadre juridique robuste,
- D'une vision industrielle,
- D'un pilotage institutionnel fort.

CHAPITRE 5 :

LE SECTEUR DE L'ÉNERGIE, ACCÈS, GOUVERNANCE ET TRANSITION

SECTION 1 : MIX ÉNERGÉTIQUE ET DÉPENDANCE STRUCTURELLE DU MALI

1. L'énergie comme condition de l'industrialisation nationale

Le développement économique, la compétitivité industrielle, la modernisation agricole et les services sociaux essentiels reposent tous sur un accès suffisant, stable et abordable à l'énergie. Or, au Mali :

- Le taux d'électrification national était de 52 % en 2023,
- Le taux rural plafonne à 30–33 %,
- Les coûts de production électrique comptent parmi les plus élevés d'Afrique (130–205 FCFA/kWh),
- Près de 70 % de l'énergie électrique est encore d'origine thermique,
- Le déficit énergétique croît de 10 à 12 % par an (EDM, 2024).

Ces réalités rendent toute industrialisation difficile, augmentent les coûts de production, renchérissent les services publics (santé, éducation, eau), et alimentent les déséquilibres budgétaires.

Le mix énergétique malien présente donc une double vulnérabilité :

- Technologique, par la dépendance aux groupes thermiques obsolètes.
- Géopolitique, par la dépendance aux importations pétrolières et aux fournisseurs d'énergie voisins.

2. Hydroélectricité : potentiel important mais sous-exploité

2.1. Rôle historique et situation actuelle

L'hydroélectricité constitue traditionnellement la ressource la plus stratégique du Mali. Elle représente aujourd'hui :

- 28 à 32 % de la production nationale (EDM, 2024),

- Mais un potentiel exploitable estimé à 1 150 MW, dont seulement 300 MW installés (OMVS, 2023).

Tableau 6 : Principaux barrages hydroélectriques :

Barrage	Capacité (MW)	Année	Statut	Structure
Manantali (OMVS)	200	2002	Opérationnel	Partagé avec Sénégal, Mauritanie
Sotuba	5.8	1929/65	Ancien	EDM
Selingué	44	1982	Opérationnel	EDM
Markala	13	1947	Ancien	EDM
Gouina (OMVS)	140	2022	Opérationnel	OMVS
Félou (OMVS)	60	2013	Opérationnel	OMVS

Analyse :

- Le Mali ne consomme directement qu'une fraction de Manantali et Gouina (OMVS, 2023).
- Les installations les plus anciennes (Sotuba, Markala) sont faiblement efficientes.
- L'hydroélectricité reste vulnérable au climat : baisse des débits, variabilité des pluies, réchauffement.

Défi majeur est que l'hydroélectricité ne couvre que 30 % des besoins alors qu'elle pourrait couvrir 60 %.

3. Thermique : pilier central mais extrêmement coûteux

3.1. Structure et importance du thermique

Le thermique représente 65 à 70 % du mix énergétique du Mali (EDM, 2024) . Les combustibles utilisés sont :

- Diesel (gasoil)
- HFO (Heavy Fuel Oil)
- Parfois LFO (Light Fuel Oil)
- Diesel pour les centrales isolées

Tableau 7 : Principales centrales thermiques (≥ 10 MW)

Centrale	**Localisation**	**Capacité MW**	**Type**	**Statut**
Centrale de Sirakoro	Bamako	100	HFO	EDM
Centrale de Sotuba II	Bamako	50	Diesel	EDM
Centrale de Kati	Bamako	56	Diesel	IPP
Centrale de Kayes	Kayes	30	Diesel	EDM
Centrale de Mopti-Sevaré	Mopti	20	Diesel	EDM
Centrales isolées	Régions	1–10 MW	Diesel	EDM

3.2. Coût économique du thermique :

- 130–205 FCFA/kWh coût réel de production
- Contre 95 FCFA/kWh au Sénégal
- Et 80–85 FCFA/kWh en Côte d'Ivoire / Ghana

Le Mali dépend à plus de 85 % d'hydrocarbures importés et par voie terrestre, rallongeant les coûts logistiques. Selon le (FMI, 2023), l'État a subventionné EDM-SA de :

- 147 milliards FCFA en 2021,
- 167 milliards FCFA en 2022,
- 195 milliards FCFA en 2023.

Le thermique appauvrit l'État et rend l'électricité inaccessible pour les industriels.

4. Solaire : dynamique de croissance, levier de transition

4.1. Explosion des projets solaires depuis 2020

Notamment grâce :

- À la baisse du coût du solaire (-82 % en 10 ans),
- Aux partenariats public-privé (PPP/IPP),
- À la demande industrielle en autoproduction,
- Et aux difficultés d'EDM-SA à répondre à la demande,

Le solaire est devenu le vecteur le plus important de la transition énergétique.

Tableau 8 : Principaux projets solaires en exploitation ou en développement :

Projet	Localisation	Capacité	Mode	Statut
Ségou Solar	Ségou	33 MW	IPP	Opérationnel
Sirakoro Solaire	Bamako	50 MW	PPP	En construction
Kita Solar	Kita	50 MW	IPP	Opérationnel
Sikasso Solar	Sikasso	29 MW	PPP	Préparation
Mini-grids AMADER	Zones rurales	50+ MW cumulés	Off-grid	Actifs

4.2. Mini-réseaux (mini-grids)

Selon l'Agence internationale de l'énergie (AIE, 2023) :

- Le Mali est l'un des 3 premiers pays UEMOA en nombre de mini-grids.
- AMADER a réalisé plus de 300 systèmes hybrides.

5. Importations régionales : OMVS, OMVG et WAPP

5.1. Interconnexions électriques

Le Mali est connecté à plusieurs réseaux :

- OMVS (Organisation pour la Mise en Valeur du Fleuve Sénégal)
- OMVG (Gambie – Guinée – Sénégal – Guinée-Bissau)
- WAPP (West African Power Pool) : marché de l'électricité ouest-africain

5.2. Importations électriques (2024)

- Guinée : surplus hydroélectrique (Kaléta, Souapiti)
- Côte d'Ivoire : exportateur historique vers le Mali
- Sénégal / Mauritanie via OMVS

Importations estimées : 300 à 350 GWh/an

5.3. Limites de la dépendance régionale

- Dépendance géopolitique
- Capacité insuffisante des lignes de transmission

- Risque de rupture en cas de tension régionale
- Coût parfois variable selon les saisons

Une analyse des forces, faiblesses, menaces et opportunités nous permettent de retenir :

Forces :

- Potentiel hydroélectrique sous-utilisé
- Puissance solaire parmi les plus élevées d'Afrique (5,5 $kWh/m^2/jour$)
- Mini-grids en forte expansion
- Appétit croissant du secteur privé

Faiblesses :

- Thermique dominante et très coûteux
- Importations pétrolières massives
- Pertes techniques > 20 %
- Incapacité d'EDM-SA à investir
- Dépendance au climat (hydro)

Opportunités :

- Hybridation solaire–thermique
- Interconnexions régionales (WAPP)
- Solaire industriel en croissance
- Amélioration de l'efficacité énergétique
- Baisse des coûts des renouvelables

Menaces :

- Chocs pétroliers
- Crise financière d'EDM-SA
- Changement climatique (débits hydriques)
- Pression démographique et croissance de la demande

SECTION 2 : CADRE INSTITUTIONNEL ET GOUVERNANCE DU SECTEUR ÉNERGÉTIQUE AU MALI (2023–2025)

1. L'énergie, un secteur stratégique en restructuration

Le secteur de l'énergie au Mali joue un rôle central dans la stratégie de développement économique et industriel. Depuis deux décennies, les autorités maliennes se sont engagées dans une série de réformes structurelles visant à améliorer la gouvernance, la régulation et la performance des opérateurs publics, notamment Énergie du Mali (EDM S.A, 2024), principal acteur national.

Cependant, malgré les ambitions fixées dans le Document de Politique Énergétique Nationale (MEA, 2016) et la Stratégie Nationale des Énergies Renouvelables (MEA, 2019), le système reste confronté à une gouvernance complexe, marquée par des déficits techniques, financiers et organisationnels persistants. Cette section examine la structure institutionnelle du secteur, les défis de gestion d'EDM-SA, le rôle de la régulation et de la tarification, et l'essor des partenariats public-privé (PPP) dans la production et la distribution d'énergie.

1.1. L'entreprise publique EDM-SA : acteur central mais en crise structurelle

1.1.1. Origines et mission

Créée en 1960 et transformée en société anonyme en 1999, Énergie du Mali (EDM-SA, 2023) est détenue à 66 % par l'État du Mali et à 34 % par des investisseurs institutionnels (principalement des banques locales et des partenaires techniques). Elle assure :

- La production,
- Le transport,
- La distribution et
- La commercialisation de l'électricité sur tout le territoire.

1.1.2. Gouvernance et performance organisationnelle

La gouvernance d'EDM-SA est encadrée par un Conseil d'administration présidé par l'État. Mais l'entreprise est confrontée à une triple crise :

- Financière :

- Déficit structurel de plus de 190 milliards FCFA en 2023 (MEF, 2023);
- Subvention publique annuelle croissante (147 milliards en 2021, 195 milliards en 2023) ;
- Incapacité à recouvrer ses créances (près de 85 milliards FCFA d'impayés en 2024).

- Technique :

- Pertes totales supérieures à 21 % de l'énergie produite (CRE, 2024);
- Infrastructures vétustes (plus de 40 % du réseau date d'avant 1990) ;
- Fréquence moyenne des coupures : 300 heures/an par abonné en 2023.

- Managériale :

- Rotation fréquente des dirigeants (6 DG entre 2015 et 2024) ;
- Absence d'indicateurs de performance opérationnelle ;
- Faible culture de résultat et de transparence interne.

1.2. Cadre de redressement et réforme en cours

Face à cette situation, le gouvernement a adopté en 2022 le Plan de Redressement d'EDM-SA (2022–2026) appuyé par :

- La Banque mondiale,
- La Banque africaine de développement (BAD),
- Et le Fonds saoudien de développement (FSD).

Les principaux axes de réforme incluent :

- La réhabilitation des centrales existantes,
- La diversification du mix (solaire/hybride),
- La révision de la tarification (élimination progressive des subventions croisées),
- La digitalisation de la facturation (compteurs intelligents),
- Et la restructuration de la dette commerciale (via des facilités BCEAO).

Ces réformes visent à restaurer la solvabilité d'EDM-SA et à réduire la dépendance aux transferts budgétaires de l'État.

2. Régulation et tarification : vers une gouvernance plus transparente

2.1. Le rôle de la Commission de Régulation de l'Électricité et de l'Eau (CREE)

La CREE, créée en 2000 (RM, 2000), est l'autorité indépendante chargée de :

- Contrôler les coûts et la qualité du service public ;
- Fixer les tarifs applicables aux usagers ;
- Garantir l'équilibre financier entre producteurs et consommateurs ;
- Réguler les concessions privées et les IPP.

Cependant, dans la pratique, son autonomie demeure limitée par :
- Les pressions politiques sur la fixation des tarifs,
- La lenteur administrative des arbitrages tarifaires,
- Et le manque de moyens techniques et humains.

La CREE a toutefois contribué à la mise en place du nouveau mécanisme de tarification progressive, introduisant une différenciation par tranche de consommation et par usage (ménages, PME, industries, administration) (CREE, 2023).

2.2. La tarification de l'électricité : entre équité sociale et viabilité financière

Le Mali applique encore des tarifs subventionnés :

Tableau 9 : Tarifs subventionnés

Catégorie d'usagers	Tarif moyen (FCFA/kWh)	Coût réel (FCFA/kWh)
Ménages	125	190
PME	140	180
Industrie	130	168
Administration	150	195

Cette distorsion tarifaire creuse le déficit d'EDM-SA, qui vend l'électricité en dessous du coût réel. Selon la (BM, 2024), cette politique coûte l'équivalent de 2,1 % du PIB par an à l'État malien. Les ajustements tarifaires sont politiquement sensibles, mais nécessaires pour soutenir l'investissement privé.

3. Les partenariats public-privé (PPP) et les producteurs indépendants (IPP)

3.1. Contexte et évolution des PPP énergétiques

Depuis 2015, le Mali a ouvert son secteur énergétique à la participation du secteur privé à travers à travers notamment La Loi n°2016-031 du 7 juillet 2016 (RM, 2016) sur les PPP, et la loi de libéralisation du secteur de l'électricité (RM, 2019)

Cette ouverture a permis la mise en œuvre de plusieurs projets d'IPP (Independent Power Producers) :

Tableau 10 : Projets IPP

Projet	Technologie	Capacité	Statut	Investisseur
Ségou Solar	Solaire	33 MW	Opérationnel	Scatec Solar (Norvège)
Kita Solar	Solaire	50 MW	Opérationnel	Akuo Energy (France)
Sirakoro	Solaire	50 MW	En construction	Legendre Energy (France)
Kayes Thermal	HFO	30 MW	Actif	Albatros Energy (IPP)

Ces projets ont permis :

- L'ajout de plus de 160 MW de capacité installée depuis 2020,
- La réduction des coupures à Bamako et Kayes,
- La création de plus de 1 200 emplois directs et indirects.

3.2. Risques contractuels et limites institutionnelles

Malgré ces succès, plusieurs limites persistent :

- Durée excessive de certains contrats IPP (>25 ans) ;
- Garanties souveraines lourdes pour l'État ;
- Tarifs d'achat élevés (0,14–0,19 USD/kWh) ;
- Faible coordination entre EDM, AMADER et AER-Mali ;
- Absence de planification intégrée du réseau.

Selon la (BAD, 2024), le Mali a besoin d'un Cadre Intégré de Gestion des Contrats Énergétiques (CIGCE), afin d'unifier la gouvernance juridique, technique et financière des PPP énergétiques.

4. L'architecture institutionnelle : un paysage en évolution

Tableau 11 : Architecture institutionnelle

Institution	Mandat principal	Problématiques
Ministère de l'Énergie et de l'Eau	Élaboration des politiques et planification nationale	Coordination intersectorielle faible
EDM-SA	Production, transport, distribution	Crise financière chronique
CREE	Régulation et contrôle des tarifs	Autonomie limitée
AMADER	Électrification rurale et mini-réseaux	Manque de financement
AER-Mali	Promotion des énergies renouvelables	Chevauchement de compétences
ANADEB	Bioénergie et cuisson propre	Absence de cadre de suivi
AMANORM	Normalisation, certification technique	Capacités techniques limitées

Cette pluralité institutionnelle, bien qu'ambitieuse, crée des redondances et un manque de cohérence dans la mise en œuvre des politiques énergétiques. Le cadre de gouvernance doit donc être rationalisé pour assurer une coordination entre planification, régulation, financement et contrôle.

5. Les grands défis de gouvernance

Les principaux défis institutionnels identifiés sont :

- Manque de coordination interinstitutionnelle, conduisant à des chevauchements d'attributions.
- Faibles capacités techniques et managériales dans la planification énergétique.
- Absence de transparence et de reporting public régulier.
- Faible participation du secteur privé national.
- Incohérence tarifaire et lenteur dans les réformes.

L'État malien, avec l'appui de la Banque mondiale, met en œuvre depuis 2023 le Programme d'Amélioration de la Gouvernance Énergétique (BM, 2023), visant à :

- Renforcer la planification centralisée,
- Réduire les pertes d'EDM-SA à moins de 15 % d'ici 2027,
- Améliorer la transparence budgétaire et tarifaire,
- Et créer un environnement plus attractif pour les IPP.

Le cadre institutionnel énergétique malien a connu d'importantes évolutions, mais reste confronté à une crise de gouvernance. La réussite des réformes en cours dépendra :

- De la rationalisation des institutions,
- De la viabilité financière d'EDM-SA,
- Et de la stabilisation réglementaire des PPP énergétiques.

Une gouvernance responsable et intégrée est indispensable pour que le secteur énergétique devienne un moteur de transformation industrielle, plutôt qu'un centre de subventions budgétivores.

SECTION 3 : CONTRAINTES MAJEURES DU SECTEUR DE L'ÉNERGIE AU MALI

Un secteur au cœur des déséquilibres macroéconomiques

Le secteur énergétique malien est caractérisé par des contraintes structurelles profondes qui limitent la capacité du pays à atteindre une croissance économique soutenue, inclusive et industrialisante. Ces contraintes se cristallisent autour de cinq axes majeurs :

- Un coût du kilowattheure (kWh) parmi les plus élevés d'Afrique,
- Des pertes techniques et commerciales supérieures à la norme internationale,
- Un accès rural extrêmement faible,
- Un sous-investissement chronique,
- Une dépendance persistante au thermique importé,
- Un cadre financier public fortement contraint.

Cette section propose une analyse de ces contraintes, en utilisant les sources officielles les plus récentes : (BM, 2024), (BAD, 2023-2024.), (FMI, 2024), (MEA, 2016) (MEM, 2023-2025), (CREE, 2024), ainsi que les données du Système d'Information Énergétique National (SIEN-Mali).

1. Le coût élevé du KWH : une contrainte structurelle au développement

1.1. Une électricité parmi les plus chères d'Afrique de l'Ouest

En 2024, le coût moyen de production de l'électricité au Mali se situe entre 168 et 195 FCFA/kWh, contre :
- 85 FCFA au Ghana,
- 92 FCFA en Côte d'Ivoire,
- 110 FCFA au Sénégal.

Cette différence s'explique par :
- La prédominance du thermique (diesel/HFO), très coûteux ;
- Les coûts élevés de transport du carburant ;
- L'état de vétusté des centrales ;
- L'absence d'hydroélectricité suffisante ;
- L'absence d'interconnexions électriques stables avec les pays voisins.

Selon la (BM, 2024), le prix réel de production dépasse de 28 % le tarif facturé, créant un déficit structurel pour EDM-SA.

1.2. La facture pétrolière : un poids pour l'économie

Le Mali importe la quasi-totalité de ses combustibles destinés aux centrales thermiques. En 2023 :
- 42 % de la production d'électricité provenait du HFO et du diesel,
- Les importations de carburants pour EDM ont coûté plus de 380 milliards de FCFA,
- La dépréciation du FCFA face au dollar a augmenté de 12 % le coût du fuel lourd (BAD, 2024).

Cette vulnérabilité énergétique accroît l'exposition du pays aux chocs externes.

1.3. Les subventions énergétiques étouffent le budget public

En 2023, les subventions à EDM-SA ont atteint :

- 195 milliards FCFA, soit 2,1 % du PIB,
- L'équivalent du budget cumulé de l'enseignement supérieur et de la santé.

Ces subventions :

- Réduisent la capacité de financement de l'État,
- Affaiblissent les investissements dans les infrastructures,
- Entretiennent un système non durable.

En l'absence de réforme, les subventions pourraient dépasser 300 milliards FCFA/an d'ici 2027.

2. Des pertes techniques et commerciales excessives (>20 %)

2.1. Normes internationales vs réalité malienne

Tableau 12 : Normes internationales vs réalité malienne

Type de pertes	Norme internationale	Méthode malienne actuelle	Écart
Pertes techniques	7–10 %	14–16 %	+6 points
Pertes commerciales	1–3 %	8–12 %	+9 points
Total	8–13 %	22–28 %	+15 points

Source : (CREE, 2024)et (BM, 2024)

Ces pertes représentent chaque année :

- Plus de 65 millions de kWh perdus,
- Une valeur de près de 40 milliards FCFA,
- Soit l'équivalent de l'investissement nécessaire à deux centrales solaires de 50 MW.

2.2. Causes structurelles des pertes

Les pertes techniques sont dues principalement à :
- Un réseau obsolète (40 % du réseau date des années 1980),
- Surcharge des transformateurs,
- Lignes de transport sous-dimensionnées,
- Interconnexions faibles,
- Absence de maintenance systématique.

Les pertes commerciales sont liées à :
- Fraude et branchements clandestins,
- Dysfonctionnement des compteurs,
- Système de facturation manuel ou semi-manuel,
- Recouvrement partiel dans les quartiers périphériques.

2.3. Effets macroéconomiques

Les pertes énergétiques :
- Augmentent le coût du kWh pour EDM (effet de moyenne),
- Diminuent la capacité de réinvestissement,
- Réduisent la fiabilité des services pour les industriels,
- Accentuent la dépendance au thermique importé.

Selon le FMI (2024), chaque réduction de 1 % des pertes permettrait d'économiser 5 milliards FCFA/an.

3. Accès rural faible : un obstacle à la transformation structurelle

3.1. Situation actuelle : un accès encore très insuffisant

En 2024 :
- Accès national : près de 50 %
- Accès urbain : près 60 %
- Accès rural : près 22 % seulement

Comparativement :
- Sénégal : 70 % rural
- Côte d'Ivoire : 50 %
- Ghana : 90 %

Cette sous-électrification rurale limite :

- L'industrialisation agro-rurale (riz, lait, mangue, karité),
- L'accès au numérique,
- La productivité des PMEs rurales,
- La qualité des services publics (écoles, centres de santé).

3.2. Faiblesse d'AMADER et déficit de financement

L'Agence malienne pour le développement de l'énergie domestique et de l'électrification rurale (AMADER) ne couvre que 15 % des besoins. Elle dépend à 60 % des financements extérieurs (UE, BM, GIZ) et dispose d'un budget annuel insuffisant (< 22 milliards FCFA). Les mini-réseaux solaires financés entre 2018 et 2023 (≈ 250 villages) couvrent à peine 7 % des besoins nationaux.

3.3. Inégalités électriques et pauvreté énergétique

Les zones rurales consacrent 14 à 18 % de leur revenu à la consommation énergétique (charbon, pétrole, batteries). L'électricité pourrait réduire ces coûts de moitié, mais elle reste, inaccessible, instable, et trop chère. Cette situation perpétue la pauvreté multidimensionnelle.

4. Sous-investissement chronique et endroitement de l'état

4.1. Un besoin annuel d'investissement estimé à 350–400 milliards FCFA

Selon la (BAD, 2024), le Mali a besoin de 350–400 milliards FCFA/an d'investissement énergétique, mais n'en mobilise que 120–150 milliards FCFA/an. L'écart annuel d'investissement est donc de 250 milliards FCFA/an.

4.2. Contraintes de financement

Les obstacles principaux :

- Déficit chronique d'EDM (donc faible capacité d'emprunt),
- Perception du secteur comme « risqué » par les investisseurs privés,

- Cadre réglementaire considéré comme instable,
- Absence d'un fonds souverain énergétique.

Les bailleurs financent 60 % du secteur, ce qui crée une dépendance externe.

4.3. Retards dans les projets stratégiques

Plusieurs projets structurants sont en retard ou gelés, notamment :
- La centrale hydroélectrique de Ké-Macina (59 MW),
- Les extensions de Manantali 2,
- Le projet énergétique du barrage de Gouina,
- Les centrales solaires de Sikasso, San et Koutiala.

Les retards sont dus à :
- Lenteurs administratives,
- Instabilité institutionnelle,
- Difficultés de cofinancement.

Le secteur énergétique malien est confronté à des contraintes profondes qui résultent à la fois :
- D'une structure de coûts inefficace,
- D'une gouvernance fragilisée,
- D'un tissu institutionnel dispersé,
- D'un financement public insuffisant,
- Et d'une dynamique insuffisante d'intégration des énergies renouvelables.

Pour sortir de cette impasse, le Mali doit impérativement engager une transformation structurelle visant à :
- Réduire la dépendance au thermique,
- Renforcer les réseaux,
- Élargir l'accès rural,
- Restaurer la viabilité financière d'EDM-SA,
- Et attirer le secteur privé national dans la transition énergétique.

SECTION 4 : TRANSITION ÉNERGÉTIQUE, INNOVATION, MINI-RÉSEAUX SOLAIRES ET SOUVERAINETÉ ÉNERGÉTIQUE AU MALI

La transition énergétique comme nécessité structurelle

Le Mali, confronté à une crise énergétique chronique, dépend fortement du thermique importé, ce qui met en péril sa stabilité macroéconomique, sa compétitivité industrielle et sa souveraineté économique. Dans ce contexte, la transition énergétique n'est plus seulement un enjeu environnemental, mais une question fondamentale de sécurité nationale, de développement industriel et de réduction de la pauvreté.

Les projections démographiques (INSTAT, 2023) indiquent que la demande d'électricité devrait tripler d'ici 2035. Sans transition vers les énergies renouvelables, le pays continuera d'accumuler des déficits, d'importer massivement du fuel et de subir l'instabilité tarifaire des marchés internationaux.

Cette section explore les quatre leviers stratégiques :
- Mini-réseaux solaires ruraux
- Hybridation solaire-thermique
- Autoproduction industrielle
- Souveraineté énergétique nationale

1. Mini-réseaux solaires : la révolution énergétique rurale

1.1. Le potentiel solaire du Mali

Le Mali se situe dans la zone intertropicale, avec une irradiation annuelle moyenne de 5,5 à 6,5 kWh/m²/jour, ce qui en fait l'un des pays les plus ensoleillés au monde (IRENA, 2023). Ce potentiel permettrait :
- D'alimenter l'ensemble du pays avec moins de 0,2 % de sa superficie recouverte de panneaux solaires ;
- De réduire la dépendance à des énergies coûteuses ;
- D'électrifier les zones rurales à moindre coût.

1.2. L'état des mini-réseaux au Mali (2024–2025)

Entre 2010 et 2024, l'AMADER, avec le soutien de la Banque mondiale, de l'Union européenne, de la GIZ et de l'AFD, a financé :

- 253 mini-réseaux solaires hybrides,
- Couvrant environ 380 000 personnes,
- Représentant une puissance cumulée de près de 20 MW.

Cependant, les besoins réels dépassent 2 000 localités non électrifiées.

1.3. Les mini-grids : solution optimale pour l'accès rural

Selon la (BM, 2024), les mini-réseaux solaires hybrides sont de 20 à 40 % moins coûteux que les extensions du réseau EDM dans les zones rurales, plus rapides à déployer, compatibles avec l'industrialisation rurale (transformation agroalimentaire, froid, irrigation). Les mini-grids permettent de développer :

- La transformation du lait (laitées rurales),
- Les moulins électriques,
- Les unités de conservation de la viande,
- Les PMEs de menuiserie, soudure, mécanique,
- Le stockage frigorifique pour mangues, légumes, poisson,
- Les centres de santé (chaîne du froid pour vaccins).

1.4. Limites et défis

Les défis principaux sont :

- Absence d'un cadre réglementaire spécifique aux mini-grids,
- Difficultés de maintenance locale,
- Faible capacité de paiement des populations rurales,
- Besoin d'un fonds de garantie rural.

2. Hybridation solaire-thermique : réduction immédiate des coûts

2.1. Les raisons pour le choix de l'hybride :

Le modèle énergétique dominant du Mali repose sur des centrales thermiques coûteuses. L'hybridation consiste à :

- Ajouter du solaire (20–40 %) à une centrale thermique existante,
- Réduire la consommation de diesel/HFO,
- Abaisser immédiatement le coût de production.

Selon l'Agence Internationale de l'Énergie (IEA, 2024), l'hybridation permet :

- De réduire le coût du kWh de 20 à 35 %,
- De diminuer les émissions de CO_2 de 25 à 40 %,
- D'améliorer la fiabilité du réseau.

2.2. État actuel au Mali

Plusieurs projets ont été engagés :

Tableau 13 : Projets engagés

Projet	Localité	Capacité solaire ajoutée	Partenaires	Statut
Centrale de Sikasso	Sikasso	10 MW	EDM/BM	En opération
Centrale de Mopti	Sevaré	8 MW	UE/AMADER	En cours
Centrale de Kayes	Kayes	12 MW	BAD	Études finalisées

2.3. Gains économiques potentiels

Hybridation de toutes les centrales thermiques du pays, une économie potentielle de 50 à 70 milliards FCFA/an en carburant (MEFP, 2024).

3. Autoproduction industrielle : un vecteur de compétitivité et de sobriété

3.1. Le rôle de l'industrie dans la transition énergétique

L'industrie malienne (cimenteries, agro-industries, textile, mines) souffre de coûts élevés du kWh, d'instabilité du réseau, et des risques de coupures. Plusieurs entreprises ont déjà basculé vers l'autoproduction :

- Grande cimenterie du Sahel (GCS) : 20 MW solaires,
- Société Nouvelle des Ciments du Mali (SNCM) : 13 MW solaires,
- SOMAGEP : installation solaire pour stations de pompage,
- Mines industrielles : plus de 70 MW solaires installés (Fekola, Morila, Syama).

3.2. Impact macroéconomique de l'autoproduction

L'autoproduction réduit la demande sur EDM, les subventions publiques, les émissions, et les coûts opérationnels des industries (jusqu'à −40 %). Elle ouvre aussi la voie à la production d'hydrogène vert à long terme (IEA, 2025).

3.3. Limites

Entre autres, nous avons :

- Absence d'un cadre légal clair pour la revente du surplus,
- Absence de tarifs de rachat (feed-in tariff),
- Manque de financement local.

4. Souveraineté énergétique : une vision structurante

La souveraineté énergétique est la capacité d'un pays à produire, gérer et distribuer l'énergie nécessaire à son développement sans dépendance excessive aux importations.

4.1. Les conditions de la souveraineté énergétique au Mali

Un pays peut être souverain énergétiquement lorsqu'il :

- Maîtrise son mix énergétique,
- Assure une production locale stratégique,
- Développe des technologies nationales,
- Réduit la dépendance aux combustibles importés,
- Construit des infrastructures résilientes,
- Produit de l'énergie à coût compétitif,
- Renforce ses capacités humaines.

Le Mali peut renforcer sa souveraineté grâce à :

- Un potentiel solaire exceptionnel,
- Des ressources hydroélectriques du Niger et Sénégal,
- Un potentiel biomasse abondant,
- Un marché intérieur en croissance.

4.2. Vision « 2040 » pour une souveraineté énergétique malienne

Tableau 14 : Souveraineté énergétique

Axe stratégique	Objectif 2040	Leviers clés
1. 80 % renouvelables	Réduire le thermique à <20 %	solaire/hydro/hybride
2. Électrification rurale 75 %	Mini-grids et kits solaires	AMADER, PPP
3. Production nationale d'équipement	Made in Mali	assemblage panneaux, batteries
4. Autoproduction industrielle massive	−60 % dépendance réseau	incitations fiscales
5. Excellence technique	École nationale de l'énergie	réforme universitaire
6. Digitalisation du réseau	Smart-grid	compteurs intelligents

4.3. Le rôle des infrastructures régionales

Le Mali peut renforcer sa souveraineté en se connectant davantage à l'OMVS (Organisation pour la mise en valeur du fleuve

Sénégal), l'OMVG (Organisation pour la mise en valeur du fleuve Gambie), ET la WAPP (West African Power Pool). L'interconnexion avec le Sénégal et la Côte d'Ivoire permettrait d'importer jusqu'à 100 MW en période de pointe, de stabiliser le réseau, et de réduire les coûts de production.

La transition énergétique représente une opportunité historique pour le Mali. Elle n'est pas seulement technique ou écologique : elle est économique, sociale, industrielle et politique. Elle peut être le pilier de l'industrialisation, de la réduction de la pauvreté, de la stabilité budgétaire, et de la compétitivité nationale. Mais elle exige une gouvernance réformée, des institutions robustes, des financements innovants, des partenariats équilibrés, un capital humain hautement qualifié.

CHAPITRE 6 :

INDUSTRIE MANUFACTURIÈRE ET INFRASTRUCTURES DE COMPÉTITIVITÉ

SECTION 1 : STRUCTURE INDUSTRIELLE DU MALI

L'industrie manufacturière au cœur de la transformation structurelle

L'industrie manufacturière est l'un des piliers centraux de la transformation structurelle, c'est-à-dire du passage progressif d'une économie dominée par des activités agricoles de faible productivité à une économie diversifiée fondée sur l'industrie et les services modernes. Selon la (BM, 2024), la part de l'industrie manufacturière dans le PIB malien est bien supérieure à 4 % et proche de 7,38 % en 2024. L'écart avec la moyenne mondiale (12 %) est réel et montre une mince industrialisation comparativement aux pays développés. Ce niveau structurellement faible traduit un déficit historique d'industrialisation, lié à des contraintes d'énergie, de transport, de financement et de gouvernance productive. Pourtant, le pays possède d'importants atouts stratégiques :

- Une base agricole et pastorale abondante ;
- Des disponibilités en ressources minières ;
- Un marché intérieur et sous-régional en croissance ;
- Un positionnement central dans l'espace CEDEAO–UEMOA ;
- La dynamique ouverte par la ZLECAf (UE, 2023).

L'industrialisation manufacturière du Mali repose principalement sur quatre segments structurants :

- L'agro-industrie ;
- Le textile et le cuir ;
- Les matériaux de construction ;
- La chimie légère et la métallurgie primaire.

Cette section analyse en profondeur les fondements, les dynamiques récents, la compétitivité structurelle et les perspectives de modernisation de chaque segment.

1. L'agro-industrie : premier pilier industriel du Mali

1.1 Rôle stratégique dans l'économie nationale

L'agro-industrie représente plus de 60 % de la valeur manufacturière ajoutée au Mali (INSTAT, 2024), ce qui en fait le socle du tissu industriel national. Elle est directement liée à la structure productive du pays, où l'agriculture emploie près de 70 % de la population active et contribue à 33–40 % du PIB selon la (BM, 2024). Les principaux sous-segments incluent :

- Transformation céréalière (mil, sorgho, riz) ;
- Huilerie (coton, sésame, arachide) ;
- Sucrerie (Office du Niger, Sukala SA, N-Sukala) ;
- Transformation du lait ;
- Transformation de la viande et du poisson ;
- Filière fruits et légumes ;
- Industries agroalimentaires modernes (boissons, eau minérale, biscuiterie).

1.2. Dynamiques récentes et tendances

Selon (ONUDI, 2024), trois tendances marquent l'évolution récente du secteur agro-industriel :

- Tendance 1 : Urbanisation et montée des classes moyennes : hausse de la demande de produits transformés (jus, farines enrichies, lait pasteurisé, produits surgelés).
- Tendance 2 : Croissance des PMEs de transformation locale : émergence d'un tissu entrepreneurial porté par les femmes et les jeunes, appuyé par des programmes FONSI, PACEPEP, PAFPA, etc.
- Tendance 3 : Émergence des chaînes de valeur régionales CEDEAO : épices, beurre de karité, mangue séchée, gomme arabique, sésame.

1.3. Défis structurels

Les principaux obstacles à la compétitivité agro-industrielle sont :

- Coût élevé de l'énergie : 0,22 à 0,29 USD/kWh (EDM, 2024);
- Logistique déficiente (routes, conservation, froid) ;

- Manque de certification sanitaire internationale (ISO, HACCP) ;
- Financement limité (le crédit au secteur privé ne dépasse pas 25 % du PIB, (BCEAO, 2023);
- Faible productivité agricole en amont.

Ces contraintes expliquent pourquoi moins de 20 % des produits agricoles sont transformés localement.

2. Textile et cuir : une filière historique en crise, mais à fort potentiel

2.1. Poids historique du coton dans l'économie

Le Mali est l'un des principaux producteurs africains de coton-graine, avec une production annuelle estimée à environ 690 000 tonnes lors de la campagne 2023-2024, ce qui lui permet de se placer au premier rang continental selon le Programme régional de production intégrée du coton en Afrique (PR-PICA, 2024). Cependant, la transformation locale reste marginale, avec seulement une part minime (nettement inférieure à 5 %) de la production transformée nationalement, la majorité étant exportée sous forme de coton brut ou simplement égrené.

2.2. Les industries existantes

- COMATEX (en redressement puis liquidation)
- IER, CMDT : unités textiles partiellement opérationnelles
- Micro-entreprises de teinture artisanale (indigo, bogolan)

Dans le cuir :
- Tanneries semi-artisanales (Bamako, Ségou)
- PMEs de maroquinerie émergentes

2.3. Défis majeurs

- Machines obsolètes ;
- Ruptures énergétiques fréquentes ;
- Absence d'industrie chimique locale (colorants, solvants) ;
- Coûts logistiques très élevés ;
- Concurrence asiatique extrêmement agressive.

2.4. Opportunités

- Marché régional (CEDEAO + ZLECAf = 1,3 milliard de consommateurs) (Union, 2021) ;
- Forte demande en casques, bottes, EPI, chaussures de sécurité ;
- Expansion de la mode africaine (nymod, bogolan premium).

3. Matériaux de construction : un secteur en croissance rapide

3.1. Dynamique générale

L'industrie des matériaux de construction représente l'un des secteurs les plus dynamiques depuis dix ans, soutenue par :

- Urbanisation accélérée (Bamako : +4,9 %/an, (ONU, 2023));
- Forte demande de logements ;
- Programmes d'infrastructures publiques (routes, ponts, OMA, Agetipe).

3.2. Produits dominants

- Ciment et clinker ;
- Briques et blocs ;
- Carrelage et céramique ;
- Acier de construction ;
- Peinture, plastiques, PVC ;
- Menuiserie aluminium.

Selon la (CroissanceAfrique, 2025), la consommation annuelle de ciment dépasse 3,6 millions de tonnes, en croissance de +7 à +9 %/an.

3.3. Investissements récents

- Diamant Cement (capacités augmentées) ;
- Ciments du Sahel ;
- Société Nouvelle des Ciments du Mali ;
- Plusieurs unités d'acier laminé (Kayes, Koulikoro).

3.4. Contraintes

- Forte dépendance aux importations d'énergie ;

- Coûts de transport très élevés (importations du Sénégal et de Côte d'Ivoire) ;
- Faible intégration locale dans la chaîne de valeur (matières premières importées).

4. Chimie légère et métallurgie primaire : un secteur embryonnaire mais stratégique

4.1. Chimie légère

Elle inclut les savonneries, détergents, plastiques, peinture, produits d'hygiène. Selon (API-Mali, 2024), plus de 40 PMEs composent ce segment, principalement concentrées à Bamako. Certaines comme l'importation de 90 % des intrants (additifs, solvants, parfums, colorants), les coûts énergétiques élevé et l'absence d'analyseurs chimiques certifiés (laboratoires qualité) demeurent des réalités

4.2. Métallurgie primaire

Le Mali dispose d'un potentiel minier immense (fer, bauxite, manganèse, lithium…) mais la transformation locale est quasi inexistante :

- Pas d'unité sidérurgique intégrée ;
- Absence de fonderie industrielle ;
- Absence de transformation de la bauxite ;
- Aucune raffinerie d'or opérationnelle (projet en chantier).

Cette situation entraîne des pertes massives de valeur ajoutée, une exportation de minerais bruts, et une dépendance aux importations d'acier, aluminium, cuivre.

4.3. Opportunités

Nous pouvons retenir :

- Construction d'une sidérurgie (Kayes, Kita) ;
- Transformation de la bauxite ;
- Raffinage de l'or ;
- Batteries lithium (transition énergétique mondiale).

La structure industrielle du Mali présente une double réalité :

- Une base industrielle encore embryonnaire, concentrée dans l'agro-industrie et les matériaux de construction ;

- Un potentiel immense encore largement inexploité dans l'intégration minière, la métallurgie, la chimie, le textile/cuir et l'agro-processing avancé.

La transformation structurelle exige donc une stratégie basée sur :
- L'énergie compétitive ;
- Les infrastructures logistiques ;
- Les normes industrielles ;
- Des financements adaptés ;
- Un capital humain modernisé.

SECTION 2 : CONTRAINTES INDUSTRIELLES STRUCTURELLES

Le système productif malien souffre d'un handicap structurel de compétitivité, caractérisé par quatre contraintes majeures, identifiées de manière récurrente dans les diagnostics institutionnels ((BM, 2024); (FMI, 2023); (ONUDI, 2024); (BAD, 2024)) :
- Énergie : coûts prohibitifs, faible fiabilité, dépendance aux combustibles fossiles.
- Logistique : réseau routier inégal, enclavement, dépendance maritime extérieure.
- Normes : faible qualité, absence de certification, laboratoires insuffisants.
- Financement : déficit massif de crédit, garanties difficilement mobilisables.

Ces contraintes structurent l'environnement industriel et déterminent directement la productivité, le coût du facteur capital, le coût des intrants, la capacité d'exportation et la survie même des entreprises manufacturières.

1. Énergie : coûts élevés, fiabilité faible et dépendance aux importations

1.1. Coût très élevé du kilowattheure

Le Mali possède l'un des coûts de l'électricité les plus élevés d'Afrique subsaharienne. Selon (EDM-SA, 2023), les tarifs sont les suivants :
- 130 FCFA/kWh en moyenne tension
- 168 FCFA/kWh en basse tension

- Coût réel de production EDM-SA supérieur à 220 FCFA/kWh

Tableau 15 : Comparaison africaine :

Pays	**Tarif indicatif (USD/kWh)**	**Source**
Éthiopie	Très bas (0,011)	Comparatif Afrique 2025
Côte d'Ivoire	0,11	Guide pays énergie 2024
Ghana	0,127	Classement tarifs Afrique (Pulse Ghana)
Sénégal	0,194	Global Petrol Prices 2025
Mali	0,169–0,22	Global Petrol Prices et classements historiques

Le pays est dans le top 5 des pays les plus chers du continent. Ainsi, les industries évaluées par (ONUDI, 2023) déclarent que l'énergie représente entre 20 et 40 % des coûts de production, ce qui rend la transformation locale moins compétitive que l'importation.

1.2. Fiabilité faible et instabilité chronique

Selon le tableau de bord (UEMOA, 2024) :

- Le Mali connaît une moyenne de 150 à 220 heures de coupure annuelle en milieu industriel.
- 95 % des entreprises déclarent posséder un groupe électrogène.
- Le coût moyen annuel lié à l'auto-production atteint 10 à 20 % du chiffre d'affaires dans certaines industries (sucreries, cimenteries, moulins).

Problèmes clés :

- Vétusté du parc thermique ;
- Pertes techniques dépassant 20 % ;
- Déficit de production chronique ;
- Retards dans les interconnexions régionales (OMVS & OMVG, 2023).

1.3. Dépendance aux importations d'hydrocarbures

Plus de 70 % de l'électricité malienne provient de centrales fonctionnant au diesel ou HFO (EDM, 2024), et tous les hydrocarbures sont importés via ports étrangers (Abidjan, Dakar, Conakry). Les résultats est la volatilité du coût du fuel dont dépend toute l'industrie. Chaque hausse de 10 USD/baril = +3 à +5 FCFA/kWh.

1.4. Impact macroéconomique sur l'industrie

Les enquêtes de la Banque mondiale (Enterprise Survey, 2024) établissent que plus de 60 % des entreprises considèrent l'électricité comme la première contrainte d'investissement. La productivité industrielle est 30 à 50 % inférieure aux comparateurs régionaux du fait de l'énergie et plusieurs industries (textile, transformation du lait, métallurgie) opèrent sous-capacité.

2. Logistique et transports : un système fragilisé par l'enclavement

2.1. Enclavement géographique et dépendance maritime

Le Mali est un pays enclavé à 1 200 km minimum de l'océan. Les flux passent essentiellement par le port d'Abidjan (50 %), Port de Dakar (35-40%), Port de Conakry (5-10%), Port de Nouakchott (5%).

Selon la (BM, 2023), le coût du transport peut représenter jusqu'à 30 % de la valeur CIF du produit importé, contre 7–10 % en moyenne mondiale.

2.2. Réseau routier : insuffisances structurelles

Données du (Ministère Transports, 2024) :

- Réseau routier total : 89 000 km
- Routes bitumées : 7 050 km (8 %)
- Routes rurales dégradées à 55 %
- Pistes de production souvent impraticables en saison pluvieuse.

Impact se traduisent par des pertes post-récolte jusqu' à 30 % (FAO, 2023), explosion des coûts logistiques agricoles et la fragmentation des chaînes d'approvisionnement industrielles.

2.3. Logistique industrielle déficiente

Le Mali souffre d'un déficit d'infrastructures logistiques :
- Aucune plateforme multimodale modernisée ;
- Un seul parc industriel structuré (Sikoroni) ;
- Absence de chaînes du froid intégrées ;
- Ports secs sous-exploités (Koulikoro, Kayes).

Les conséquences se traduisent par l'allongement des délais d'importation/exportation, des coûts élevés pour les industries agroalimentaires, et les difficultés à maintenir la qualité dans les filières périssables.

3. Normes, certifications et qualité : une contrainte institutionnelle majeure

3.1. Une infrastructure qualité encore embryonnaire

L'infrastructure qualité repose sur :
- AMANORM (normalisation) ;
- Laboratoire national de santé (LNS) ;
- Laboratoire central vétérinaire (LCV) ;
- Laboratoire de métrologie industrielle.

Selon (ONUDI, 2024), seulement 20 % des industries maliennes disposent d'une certification qualité reconnue internationalement.

3.2. Problèmes structurels

Ces problèmes concernent :
- Absence de chaîne de certification ISO 9001, ISO 22000, HACCP ;
- Manque d'auditeurs locaux qualifiés ;
- Équipements de laboratoire insuffisants ;
- Reconnaissance international limitée des certificats maliens.

Ils engendrent la difficulté d'accéder aux marchés CEDEAO, UE, ZLECAf. Surcoût de certification (souvent réalisée à Abidjan, Accra ou Dakar).

3.3. Impact sur les exportations

L'absence de normes fiables entraîne :
- Refus de lots (ex. mangue, karité, gomme arabique) ;
- Pertes de parts de marchés ;
- Surcoûts liés aux audits étrangers.

4. Financement et garanties : un système financier peu adapté à l'industrie

4.1. Faible profondeur financière

Selon (BCEAO, 2024) :
- Crédit au secteur privé aux environs de 23–25 % du PIB (moyenne UEMOA : 32 %)
- Crédit à l'industrie inferieur à 10 % du total des crédits
- Maturités courtes inferieur 3 ans

L'industrie, qui nécessite des financements longs (7–15 ans), ne trouve pas les ressources nécessaires.

4.2. Problèmes de garanties

Les banques exigent :
- Garanties réelles supérieur à 150 % du montant du crédit
- Hypothèques sur des terrains parfois non immatriculés
- Cautionnements multiples

Seulement 15-20% des entreprises industrielles ont accès au crédit (World Bank Enterprise Surveys, 2024).

4.3 Manque de fonds spécialisés

Absence de :
- Banque de développement industrielle ;
- Fonds de refinancement sectoriel ;

- Fonds de garantie spécifique industrie ;
- Fonds d'innovation.

Les dispositifs existants (FONSI, ANPEJ, FAFPA) sont trop modestes pour transformer la structure manufacturière.

L'industrie manufacturière malienne opère dans un environnement caractérisé par un triple handicap structurel : énergétique, logistique et financier, aggravé par une faible infrastructure qualité. Ces contraintes ne relèvent pas seulement d'obstacles techniques ; elles constituent des verrous systemiques qui empêchent la montée en gamme des chaînes de valeur, la compétitivité des PMEs et l'intégration régionale.

SECTION 3 : INFRASTRUCTURES ET ÉCOSYSTÈMES INDUSTRIELS

Dans les diagnostics des institutions internationales ((BAD, 2024); (BM, 2023) ; (ONUDI, 2024)), l'un des constats majeurs est que le Mali souffre davantage d'un déficit d'infrastructures industrielles que d'un manque d'esprit entrepreneurial. L'économie malienne dispose d'importants potentiels (agricoles, miniers, démographiques), mais ceux-ci restent sous-exploités faute :

- De zones industrielles modernes et fonctionnelles ;
- De parcs logistiques intégrés aux chaînes d'approvisionnement régionales ;
- D'écosystèmes productifs structurés autour de filieres ;
- D'une insertion stratégique dans la ZLECAf ;
- D'un système de gouvernance industrielle coordonné.

Cette section analyse ces infrastructures et dynamiques de l'écosystème productif.

1. Zones industrielles : un outil sous-exploité de transformation structurelle

1.1. État des lieux des zones industrielles existantes

Le Mali compte officiellement trois zones industrielles principales (MIC, 2024) :

Tableau 16 : Trois zones industrielles principales

Zone	Localisation	État	Problèmes identifiés
Zone industrielle de Bamako (Sikoroni)	District de Bamako	Saturée	Voirie interne dégradée, absence de station d'épuration, énergie instable
Zone industrielle de Dialakorobougou	Koulikoro	Sous-utilisée	Absence d'eau fiable, raccordement électrique insuffisant
Zone industrielle de Kayes	Kayes	En développement	Retard d'aménagement, financement incomplet

Dans tous les cas, les infrastructures existantes présentent les mêmes faiblesses structurelles :

- Absence de zones de services (banques, douanes, certification) ;
- Déficit de réseau d'eau, assainissement, fibre optique ;
- Énergie non sécurisée ;
- Manque de sécurité industrielle ;
- Faible gouvernance et absence d'autorité unique de gestion.

Ces faiblesses accouchent sur le résultat selon lequel 70 % des entreprises industrielles fonctionnent hors zones, souvent dans des espaces non aménagés.

1.2. Rôle stratégique des zones industrielles dans la transformation productive

Selon (ONUDI, 2024), les zones industrielles sont le principal moteur des économies manufacturières africaines performantes (Éthiopie, Maroc, Égypte). Elles permettent :

- Mutualisation des coûts (logistique, énergie, services partagés) ;
- Structuration des chaînes de valeur (textile, agro-industrie, BTP) ;
- Attraction des IDE (investissements directs étrangers) ;
- Réduction des pertes logistiques ;
- Montée en gamme de la production locale.

Aucune industrialisation massive n'a réussi sans zones industrielles performantes.

Tableau 17 : Le Mali face aux benchmarks africains

Pays	**Zones Industrielles Modernes**	**Résultat Visible**	**Sources**
Éthiopie	12 parcs industriels	Exportations textiles x8 (2015–2023)	Banque mondiale, UNCTAD
Maroc	Tanger Med, Casablanca	Export auto >10 Mds USD/an	BAD, CNUCED
Rwanda	Kigali SEZ	+170 industries en 8 ans	ONUDI, World Bank
Mali	0 pleinement opérationnelle	Faible diversification manufacturière	API-Mali, ONI

Le Mali accuse un retard structurel dans l'aménagement industriel.

1.3. Conditions pour des zones industrielles compétitives

Selon la (BAD, 2024), un parc industriel compétitif doit intégrer :
- Énergie fiable (≥ 95 % de disponibilité)
- Fibre optique
- Sécurité 24/7
- Douane interne
- Système de gestion unique (One-Stop Shop)
- Station d'épuration
- Financement long terme (PPP)

Le futur Parc industriel de Bamako-Sénou, inscrit dans la Vision industrielle 2030, constitue un pas important, mais reste à concrétiser.

2. Parcs logistiques et infrastructures structurantes

2.1. Déficit d'infrastructures logistiques intégrées

Le Mali ne possède pas encore de parcs logistiques aux standards internationaux tels que :
- Plateformes intermodales ;
- Entrepôts frigorifiques ;
- Centres de consolidation-exportation ;
- Zones logistiques connectées aux corridors régionaux.

Par contraste, la Côte d'Ivoire en compte 5, le Ghana 6, le Maroc 12.

2.2. Conséquences économiques

Le coûts logistiques au Mali représentent 20–30 % du prix final d'un produit exporté (BM, 2024). Le même ratio est de 9 % en Asie du Sud-Est. L'impact industriel est :
- Compétitivité réduite ;
- Surcoût du transport des intrants ;
- Pertes post-récolte ;
- Difficulté d'accéder aux marchés ZLECAf.

2.3. Le potentiel des Ports Secs (Dry Ports)

Le Mali dispose de deux ports secs stratégiques :
- Koulikoro (corridor Dakar–Bamako)
- Kayes (corridor ferroviaire Dakar–Bamako)

Mais ils sont sous-exploités faute de :
- Connexion ferroviaire fonctionnelle ;
- Manque d'équipements modernes ;
- Insuffisance de services douaniers intégrés ;
- Faible cadre de gestion PPP.

Un port sec modernisé peut réduire de 10 à 20 % le coût logistique global (CEDEAO, 2024).

2.4. Corridors stratégiques

Les corridors les plus utilisés :
- Dakar–Bamako
- Abidjan–Bamako
- Conakry–Bamako
- Nouakchott–Bamako

Contraintes :
- Corruption aux frontières ;
- Multiplicité des contrôles (+14 points de contrôle sur Bamako–Dakar, (BAD, 2024)) ;
- État variable des routes ;
- Insécurité dans certaines zones.

3. Chaînes de valeur émergentes : opportunités et limites

3.1. Agro-industrie : principale chaîne de valeur en émergence

Les sous-filières à fort potentiel selon la (FAO, 2024):
- Mangue (exportation CEDEAO et UE)
- Karité (plus de 200 000 tonnes/an)
- Sésame (100 000 tonnes)
- Gomme arabique
- Riz local
- Lait
- Anacarde (croissance annuelle > 10 %)

Freins structurels :
- Transformation locale insuffisante (≤ 15 %)
- Absence de certification internationale
- Chaîne du froid quasi inexistant
- Financements inadaptés
- Pertes post-récolte élevées

3.2. Textile, cuir et bétail–viande

Le potentiel est énorme :
- 10 millions de bovins
- 25 millions d'ovins-caprins
- 1,5 million de peaux et cuirs exportables

Mais la transformation locale reste très faible :
- Coton : 95 % exporté brut
- Cuir : seulement 3 tanneries fonctionnelles
- Viande : abattage artisanal dominant

3.3. Filière matériaux de construction

Les matériaux (ciment, fer, briques stabilisées) progressent, mais sont contraints par des difficultés comme la dépendance au clinker importé, les industries énergivores, l'insuffisance d'unités de transformation du gypse et calcaire locaux, les coûts logistiques élevés.

3.4. Chimie légère et métallurgie

Les filières émergentes sont :
- Peintures
- Plastiques
- Petites métallurgies
- Emballages

Les limites sont relatives à l'importation massive d'intrants (résines, additifs, fer), les technologies obsolètes, les normes non respectées et le faible financement.

4. ZLECAF et intégration régionale : un levier décisif pour l'industrie malienne

4.1. ZLECAf : un marché de 1,3 milliard de consommateurs

La Zone de libre-échange continentale africaine représente (CEA, 2024) :
- 3 000 Mds USD de PIB
- Pus de 1,3 milliard d'habitants
- Croissance de 5 % prévue après 2030

Elle offre un marché 50 fois plus vaste que le marché intérieur malien.

4.2. Opportunités pour le Mali

- Exportation de produits agro-industriels (mangue séchée, karité, sésame)
- Développement de chaînes de valeur animales (cuir, viande)
- Industrialisation minière (raffineries d'or, transformation du lithium)
- Attractivité pour les investisseurs (zones industrielles ZLECAf-compatibles)

4.3. Contraintes d'intégration

- Absence de normes alignées ;
- Insuffisance des infrastructures logistiques ;
- Faible productivité ;
- Coûts de production élevés.

L' (INSTAT, 2023) indique que le Mali n'exploite que 12-15 % de son potentiel d'exportation intra-africaine.

4.4. Conditions de compétitivité dans la ZLECAf

- Modernisation des zones industrielles
- Certification qualité ISO
- Corridors logistiques fiables
- Énergie compétitive (objectif : 0,12 USD/kWh)
- Fonds industriels nationaux
- Plateformes exportation et hubs régionaux

L'analyse montre que l'écosystème industriel malien souffre d'un double déficit :

- Infrastructures industrielles insuffisantes : zones industrielles non opérationnelles, absence de parcs logistiques modernes
- Écosystèmes productifs fragmentés : chaînes de valeur faiblement intégrées, faible transformation locale

Pour espérer une transformation structurelle, le Mali doit engager :

- Une réforme profonde des zones industrielles,
- Une politique logistique nationale,
- Une intégration active à la ZLECAf,
- La structuration des chaînes de valeur prioritaires.

SECTION 4 : PERSPECTIVES INDUSTRIELLES, COMPÉTITIVITÉ ET INTÉGRATION RÉGIONALE

Perspectives industrielles, compétitivité et intégration régionale

La structure industrielle malienne, caractérisée par une faible diversification, une prédominance de l'agro-industrie et une dépendance structurelle à l'égard des importations manufacturières, se trouve au cœur d'un moment historique. L'entrée en vigueur de la Zone de Libre-Échange Continentale Africaine (ZLECAf), les progrès des chaînes de valeur régionales CEDEAO-UEMOA, les mutations énergétiques et les défis climatiques redéfinissent les conditions de compétitivité industrielle sur les vingt prochaines années.

Dans ce contexte, le Mali a une opportunité stratégique. Passer d'une économie fondée sur l'exportation de matières premières à une économie de transformation locale, alignée sur les cadres de politique industrielle moderne ((ONUDI, 2023); (BAD, 2024);). La section propose une analyse prospective intégrée comprenant :

- Une analyse des perspectives industrielles à l'horizon 2030–2040 ;
- Un ensemble cohérent de recommandations stratégiques (niveau macro, méso, micro) ;
- Un plan opérationnel national d'industrialisation ;
- Des scénarios prospectifs ;
- Une analyse risques / mitigation ;
- Un cadre institutionnel et de gouvernance renouvelé.

1. Analyse prospective : défis et potentiel industriel (2025–2040)

1.1. Les tendances mondiales qui redéfinissent l'industrie

Les analyses de (ONUDI, 2024) et du (FMI, 2024) montrent quatre mutations majeures :

Fragmentation des chaînes de valeur mondiales

- Les tensions géopolitiques poussent les entreprises à relocaliser ou régionaliser leurs activités.
- L'Afrique de l'Ouest devient un espace stratégique pour l'approvisionnement en matières agricoles et minérales.

Décarbonation et transition énergétique

- Les industries doivent réduire leurs émissions ;
- Opportunité pour les pays ayant des potentiels solaires, le Mali peut devenir un hub énergétique solaire industriel si l'infrastructure suit.

Digitalisation des procédés industriels

- L'industrie 4.0 crée des asymétries : les pays capables d'investir dans le numérique accélèrent leur transformation ; les autres décrochent.
- Le Mali accuse un retard considérable (ONUDI, 2024), mais possède une jeunesse importante à former.

Élargissement des marchés africains via la ZLECAf

- Marché de 1,4 milliard de consommateurs ;
- Potentiel d'augmentation de 52 % des exportations manufacturières africaines (BM, 2023).

1.2. Les secteurs où le Mali peut gagner en compétitivité

Selon les études croisées (API-Mali, 2024), (BAD, 2022), (CEDEAO, 2024), quatre chaînes de valeur prioritaire se dégagent :

Chaînes de valeur agricole transformées

- Riz, mangue séchée, karité, gomme arabique, sésame, lait transformé.
- Le marché sous-régional (Nigeria, Côte d'Ivoire, Ghana) absorbe déjà 78 % des produits agro-alimentaires échangés dans la CEDEAO.

Textiles, coton et agro-textile

- Le potentiel à l'horizon 2040 est de 5 à 15 usines textiles industrielles (BAD, 2022).
- Le Mali pourrait capter de 20 à 40 % de la valeur textile régionale perdue par la dépendance au coton fibre brut.

Matériaux de construction

- Forte croissance urbaine (+4,7 % par an, (BM, 2024)).
- Demande annuelle de ciment, acier, carreaux, peinture en hausse de 10 à 15 %.

Transformation minière légère

- Coupe, polissage, joaillerie, métallurgie primaire pour l'or et les terres rares.
- Gains potentiels estimés à +180 milliards CFA/an (MM, 2024).

2. Recommandations stratégiques pour la compétitivité industrielle

2.1. Recommandations macroéconomiques (niveau national)

Mettre en place une Politique nationale d'industrialisation (PNI, 2025)

Conformément aux standards ONUDI et BAD :
- Prioriser 8 chaînes de valeur ;
- Créer un Conseil National de l'Industrialisation (CNI) sous Primature ;
- Intégrer les clusters industriels dans la loi sur l'investissement.

Réforme énergétique pour la compétitivité du kWh industriel

- Objectif : ramener le coût industriel à 80–100 CFA/kWh (actuellement 140–170 CFA/kWh).
- Mesures : centrales solaires 200–500 MW, hybridation, embedded generation.

Réforme fiscale ciblée

- Crédit d'impôt industriel de 20–30 % pour investissements productifs ;
- Exonération progressive sur machines ;
- Réduction de droits pour l'import des intrants.

Gouvernance : rationalisation institutionnelle

- Fusion des agences redondantes ;
- Plateforme unique "Mali Industrial One-Stop Shop" pour les investisseurs.

2.2. Recommandations méso-économiques (écosystèmes et territoires)

Développer trois corridors industriels majeurs

Selon (API-Mali, 2024) et (Banque Mondiale, 2025) :

- Corridor 1 : Bamako–Koulikoro (agro-industrie, ciment, métallurgie)
- Corridor 2 : Sikasso–Bougouni (coton, textile, fruits, karité)
- Corridor 3 : Kayes–Kéniéba (mine, métallurgie, énergie solaire)

Développer des clusters industriels sectoriels

Inspirés du modèle marocain (Tanger Med) et éthiopien (Hawassa Industrial Park) :
- Cluster textile Sikasso ;
- Cluster agro-alimentaire Koulikoro/Ségou ;
- Cluster minier Kayes ;
- Cluster matériaux de construction Bamako.

Logistique intégrée

- Interconnexion ferroviaire Bamako–Dakar ;
- Ports secs modernes ;
- Plateformes douanières digitalisées.

2.3. Recommandations micro-économiques (entreprises)

Programme national de modernisation industrielle (PNMI)

Financement BAD/BM/UE
- Subventions à la technologie ;
- Digitalisation des lignes de production ;
- Normes, certifications ISO, HACCP.

Facilitation du financement SME/PMI industrielles

- Fonds souverain de garantie industrielle (200 milliards CFA) ;
- Prêts à long terme (10–15 ans) ;
- Taux subventionnés.

Renforcement du capital humain

- Académie nationale de l'industrie ;
- Filières techniques modernisées ;
- Programme 50 000 techniciens industriels (2030).

3. Plan opérationnel national d'industrialisation (2025–2040)

Étape 1 : Court terme (2025–2028)

- Réforme énergie et réduction du kWh industriel ;
- Finalisation des zones industrielles modernes ;
- Mise en place du Fonds souverain industriel ;
- Adoption du Code industriel.

Étape 2 : Moyen terme (2028–2035)

- Déploiement des clusters ;
- Substitution partielle des importations agro-alimentaires ;
- Première usine textile intégrée ;
- Extension minière : unités de raffinage semi-industrielles.

Étape 3 : Long terme (2035–2040)

- Exportation manufacturière multipliée par 4 ;
- Capacités de transformation cotonnière >50 % ;
- Industrie 4.0 et logistique continentale ;
- Mali = Hub de la transformation agricole et minière dans la CEDEAO.

4. Scénarios prospectifs (2030–2040)

Scénario A : Accélération (optimiste)

- Croissance industrielle : +9 %/an
- Exportations manufacturières doublées
- 350 000 emplois industriels créés
- Baisse du coût du kWh à 90 CFA
- Mise à niveau logistique effective

Résultat : Mali plateforme manufacturière régionale.

Scénario B : Réformes graduelles (intermédiaire)

- Industrialisation lente
- Zones industrielles fonctionnelles mais sous-utilisées
- Exportations manufacturières +40 %

Résultat : progrès, mais dépendance aux importations persistante.

Scénario C – Inertie (pessimiste)

- Retard énergétique
- ZLECAf défavorable
- Effondrement compétitif
- Désindustrialisation prolongée

Résultat : stagnation, chômage massif, dépendance extérieure.

5. Risques et mesures d'atténuation

5.1. Principaux risques :

- Instabilité sécuritaire
- Faible discipline budgétaire
- Retard énergétique
- Gouvernance faible
- Pressions sociales contre réformes

5.2. Mesures :

- Pacte national industriel ;
- Gouvernance indépendante des infrastructures ;
- Indicateurs trimestriels ;
- Financement mixte (PPP, BAD, BM, FSD) ;
- Leadership politique fort.

6. Cadre de gouvernance

6.1. Création de l'Agence Nationale de l'Industrialisation et des Parcs (ANIP-Mali)

Pouvoirs :
- Maîtrise d'ouvrage déléguée ;
- Coordination clusters ;
- Mobilisation financements ;
- Interface investisseuse.

6.2. Conseil National de Compétitivité Industrielle (CNCI)

- Interface État–secteur privé ;
- Évaluation trimestrielle ;
- Arbitrage des réformes.

Cette section démontre que le Mali possède :
- Un potentiel agro-industriel majeur ;
- Une capacité textile sous-exploitée ;
- Des ressources minières et énergétiques pour attirer l'industrie ;
- Un marché régional en expansion.

Cependant, sans :
- Énergie compétitive ;
- Logistique modernisée ;
- Capital humain technique ;
- Gouvernance renforcée ;
- Financement structuré ;
- L'industrialisation restera impossible.

La ZLECAf offre une opportunité unique le Mali peut devenir, d'ici 2040, l'un des principaux hubs manufacturiers de l'Afrique de l'Ouest.

PARTIE III :

FINANCEMENT, CAPITAL HUMAIN ET TRANSFORMATION STRUCTURELLE

(Finance – Informel – Éducation)

CHAPITRE 7 :

BANQUE, FINANCE ET INCLUSION FINANCIÈRE

SECTION 1 : STRUCTURE DU SYSTÈME FINANCIER MALIEN

Le système financier malien évolue dans un environnement caractérisé par :

- Une forte domination bancaire,
- La faiblesse du financement à long terme,
- L'essor des FinTech et du mobile money,
- Une exclusion financière persistante 25,2 % en 2023, selon (l'UEMOA, BCEAO. , 2023) (moins de 21 % de taux de bancarisation),
- La montée des Systèmes Financiers Décentralisés (SFD),
- Une dépendance à la régulation communautaire (UEMOA–BCEAO).

Cette configuration influence directement :

- La capacité de l'économie à financer sa transformation structurelle,
- L'inclusion des populations vulnérables,
- Et la productivité globale des facteurs.

1. Banques commerciales

1.1. Poids des banques dans l'économie

Le secteur bancaire reste la colonne vertébrale du système financier malien. Selon la (BCEAO, 2023), les banques commerciales contrôlent :

- Plus de 92 % des actifs financiers,
- Environ 85 % des crédits à l'économie,
- Près de 80 % des dépôts collectés,
- Une intermédiation essentiellement centrée sur le court terme.

Quatorze banques commerciales opèrent au Mali (BCEAO, 2023), dont plusieurs filiales étrangères :

- BOA, Ecobank, Orabank, Coris Bank, Attijariwafa Bank, UBA…

- Banques nationales (BDM-SA, BMS-SA, BNDA, BIM-Mali).

1.2. Concentration du marché et risques

Le marché est très concentré :
- 5 premières banques = 72 % des actifs (BCEAO & BRVM, 2023).
- Forte domination des banques marocaines et panafricaines.

Ce qui produit :
- Une faible contestabilité du marché,
- Une compétition limitée,
- Des taux d'intérêt rigides,
- Une aversion forte au risque,
- Une spécialisation excessive sur les secteurs « sûrs » (commerce, importations).

1.3. Contraintes internes structurelles

Les banques commerciales souffrent de :
- Une faible capacité d'analyse du risque sectoriel,
- Une dépendance au refinancement BCEAO (taux directeur trop élevé pour stimuler l'investissement),
- Une absence de concurrence sur les produits innovants,
- Une limitation au financement court terme (escompte, découvert).

Selon (BCEAO, 2023) le Rapport Financière (UEMOA, 2023), « moins de 15 % des crédits ont une maturité supérieure à 5 ans ». Une limite majeure pour financer :
- Les infrastructures productives,
- L'industrie,
- Les grandes chaînes de valeur agricoles.

1.4. Le rôle des banques dans la création monétaire

Conformément à la structure de l'UEMOA, les banques commerciales assurent 90 % de la création monétaire (BCEAO, 2023), mais dans un système très contraint par la politique monétaire :
- Taux directeur BCEAO en hausse (3.25 %, 4.5 % en 2022–2023),

- Contrôle strict de l'inflation (cible 3 %),
- Change fixe FCFA : Euro limitant la politique monétaire nationale.

La théorie keynésienne démontre que des taux trop élevés :
- Réduisent l'investissement,
- Diminuent l'emploi,
- Ralentissent la croissance réelle.

Selon (BCEAO, 2023), cela explique en partie :

Le ratio Crédit/PIB très faible du Mali (29 %), contre :
- 100 % (Zone Euro),
- 160 % (Maroc),
- 180 % (Afrique du Sud).

2. Microfinance et systèmes financiers décentralisés

2.1. Poids des SFD dans le financement des ménages

Les SFD (coopératives, caisses rurales, mutuelles, IMF) sont essentiels au Mali (BM, 2023) :
- Plus de 1 million de clients,
- Environ 300 institutions (BCEAO, 2024),
- 8 à 10 % du crédit total à l'économie.

Rôle socio-économique majeur :

- Inclusion des ruraux, femmes, microentrepreneurs,
- Financement de petites activités agricoles, artisanales et commerciales.

2.2. Contraintes structurelles des SFD

Les SFD restent fragiles :

- Faible solvabilité

- Plusieurs réseaux accusent des fonds propres insuffisants.
- Les ratios prudentiels sont souvent non respectés.

- Risque de surendettement des clients

Notamment dans les zones urbaines périphériques (CGAP, 2023).

- Taux d'intérêt élevés

Souvent entre 18 % et 24 % (plus élevé que les banques commerciales) (BCEAO, 2022).

- Problème de gouvernance

- Gestion interne parfois déficiente,
- Détournements, faibles contrôles internes.

- Transition digitale lente

- Peu d'investissement dans les technologies,
- Retard sur la banque mobile.

2.3. Contribution potentielle à la transformation structurelle

Les SFD peuvent être des catalyseurs puissants si :

- Mieux intégrés aux banques,
- Dotés de systèmes numériques modernisés,
- Dotés de lignes de refinancement stables,
- Reliés à des fonds de garantie sectoriels (agriculture, PME).

3. Fintech et mobile money

3.1. Explosion du mobile money

Le Mali est l'un des pays d'Afrique de l'Ouest où la pénétration du mobile money progresse le plus. Rapport (BCEAO, 2023) :

- 22 millions de comptes mobiles money enregistrés,
- Volume annuel des transactions > 14 000 milliards FCFA,
- Plus de 200 millions de transactions annuelles.

Acteurs principaux :
- Orange Money,

- Moov / Malitel Money,
- Wave (arrivé en 2021),
- Plusieurs FinTech locales en émergence.

3.2. Contribution à l'inclusion financière

Le mobile money a permis :
- De réduire les coûts d'accès financier,
- De toucher les zones rurales,
- De fluidifier les transferts internes,
- D'accélérer les paiements marchands.

La banque mobile représente aujourd'hui l'essentiel de l'inclusion :
- Taux de bancarisation classique environ 21 %,
- Mais taux d'inclusion financière globale est de 45 % (BCEAO, 2024).

3.3. Risques liés aux FinTech

Les risques observés :
- Cybersécurité,
- Blanchiment d'argent,
- Insuffisance de régulation technologique,
- Dépendance aux opérateurs télécoms,
- Vulnérabilité des données personnelles.

Le Règlement UEMOA 2022 sur les services de paiement constitue un progrès majeur mais encore insuffisant (BCEAO, 2024).

4. Interactions entre banques, microfinance et fintech

4.1. Complémentarités possibles

Le système financier malien peut devenir plus inclusif si les trois piliers coopèrent :

Tableau 18 : Système financier malien

Domaine	Banques	SFD	Mobile Money / FinTech
Montants élevés	Forte capacité	Limitée	Faible
Zones rurales	Faible	Forte	Très forte
Digitalisation	Moyenne	Faible	Très forte
Risque pris	Très faible	Moyen	Faible/moyen
Innovation	Limitée	Limitée	Forte

4.2. Vers un écosystème intégré

La BCEAO encourage désormais :
- L'interopérabilité totale mobile money, banque (BCEAO, 2023),
- L'ouverture des API bancaires aux FinTech,
- La régulation des établissements de monnaie électronique (EME).

Cette intégration pourrait :
- Réduire drastiquement les coûts de transaction,
- Favoriser le crédit digital,
- Connecter les PMEs informelles au financement formel,
- Moderniser la chaîne de valeur agricole.

Le système financier malien repose sur trois piliers aux niveaux de maturité différents :
- Des banques solides mais peu inclusives,
- Une microfinance proche des populations mais fragile,
- Un mobile money agile et massivement adopté.

L'enjeu majeur est de passer d'un système segmenté à un système intégré, capable de financer :
- Les PME,
- L'industrie,
- L'agro-industrie,
- Les start-ups,
- L'innovation technologique.

SECTION 2 : RISQUES ET CONTRAINTES DU SYSTEME FINANCIER MALIEN

Le fonctionnement du système financier malien est profondément conditionné par un ensemble de contraintes structurelles, opérationnelles et institutionnelles. Ces contraintes se traduisent par :

- Un faible volume de crédit ratio crédit/PIB 29 %, (BCEAO, 2024),
- Des taux élevés,
- Une propension excessive au financement de court terme,
- Une incapacité à absorber le risque sectoriel,
- Une vulnérabilité aux chocs systémiques,
- Un manque de capital patient pour administrer la transformation structurelle.

Dans une perspective de développement, l'identification et la maîtrise de ces risques constituent une condition stratégique pour renforcer la contribution du système financier à la croissance inclusive.

1. Coût du crédit

1.1. Niveau élevé des taux d'intérêt

Selon les statistiques de la (BCEAO, 2024), les taux débiteurs moyens appliqués au Mali se situent entre :

- 9 % et 14 % pour les entreprises,
- 15 % à 24 % pour la microfinance,
- Avec des pointes à 25 % pour certains microcrédits.

Ces taux sont parmi les plus élevés de la zone UEMOA, en dépit d'un taux directeur BCEAO de 4,50 % (BCEAO, 2024), et d'une inflation faible (INSTAT, 2023).

Conséquences :

- Baisse de l'investissement privé : l'investissement étant une fonction inverse du taux d'intérêt (théorie keynésienne), le coût élevé du crédit dissuade les projets productifs.
- Réduction de l'emploi et de la productivité : les entreprises préfèrent l'autofinancement ou le financement court terme, limitant les projets d'expansion.

- Plafond financier structurel : les secteurs stratégiques (agriculture, industrie, transformation agroalimentaire) restent sous-financés.

1.2. Les déterminants du coût du crédit

1.2.1. Risque perçu élevé par les banques

Plusieurs facteurs expliquent la prime de risque :
- Absence historique de données fiables (faible rôle du Bureau d'information sur le crédit),
- Asymétrie d'information,
- Taux de créances douteuses encore élevé (près 15 % en moyenne),
- Difficultés de recouvrement judiciaire,
- Instabilité politique et sécuritaire,
- Informalité massive des entreprises (près 90 % du tissu productif).

1.2.2. Coûts de fonctionnement bancaire

Les banques maliennes supportent :
- Un réseau physique coûteux dans un contexte de faible densité bancaire,
- Un déficit de digitalisation intégrale,
- Une concurrence insuffisante générant peu de pression sur les marges.

1.2.3. Politique monétaire restrictive

La (BCEAO, 2023) applique un régime privilégiant :
- La maîtrise de l'inflation,
- La rigueur monétaire,
- Un change fixe FCFA–Euro limitant tout assouplissement quantitatif.

1.2.4. Absence de marché financier profond

La BRVM, bien que régionale, reste :
- Peu liquide,
- Faiblement capitalisée,
- Inaccessible à la majorité des PMEs maliens.

D'où une dépendance exclusive au système bancaire.

1.3. Effets sur les secteurs productifs

1.3.1. Agriculture

- Moins de 4 % des crédits bancaires destinés au secteur agricole (BCEAO, 2024),
- Alors que le secteur représente 35–40 % du PIB,
- Entravant la mécanisation, l'irrigation et la transformation.

1.3.2. Industrie manufacturière

- Crédit long terme presque inexistant,
- Coût de financement des machines importées insoutenable pour les PME.

1.3.3. PMEs / Startups

- 80 % des PMEs maliennes n'ont jamais reçu de crédit bancaire (IFC, 2022),
- Absence d'instruments de capital-risque,
- Insuffisance de fonds de garantie nationaux.

2. Collatéraux et garanties

2.1. Importance excessive des garanties réelles

Les banques exigent systématiquement :
- Hypothèques sur le foncier,
- Nantissements sur fonds de commerce,
- Affectation de matériel comme garantie,
- Cautions bancaires ou personnelles.

Selon (IFC, 2022) « Plus de 85 % des crédits au Mali sont adossés à des garanties réelles. » Un frein majeur dans une économie où :
- 70 % des terres sont non titrées (DNDC, 2023),
- Les PMEs ne possèdent pas d'actifs valorisables,
- L'essentiel de la richesse est informel ou non bancarisé.

2.2. Limites du système actuel de garanties

Titres fonciers complexes, coûteux et lents (UEMOA , 2020)
- Procédures longues (6–18 mois),

- Cadastre incomplet,
- Risques de superposition de titres (jurisprudence malienne).

2.3. Absence de registre national numérique des garanties

Malgré des avancées (RCCM modernisé), un système unifié reste embryonnaire.

2.4. Fonds de garantie insuffisants

Le Fonds de Garantie du Secteur Privé (FGSP) ne couvre :

- Qu'environ 3 % de la demande potentielle annuelle,
- N'a pas de dotation suffisante pour réduire les risques bancaires.

2.5. Microfinance : pression excessive sur les garanties

Les IMF exigent souvent :

- Caution solidaire,
- Nantissement de matériel,
- Engagement de groupe,
- Taux d'intérêt élevés + garanties = exclusion des plus pauvres.

2.6. Solutions structurelles possibles

Les expériences dans les pays émergents montrent que la transformation passe par :

- Registre national de garanties mobilières : inspiré du Ghana, du Kenya et du Nigéria.
- Fonds de garantie sectoriels
    - Agro-industrie,
    - Industriel,
    - Startups,
    - Logement social.

- Titres fonciers numériques : exemples : Rwanda, Éthiopie.
- Risque partagé État–banques

- Mécanismes de cofinancement,
- Subventions à l'intérêt pour projets industriels.

- Réformes judiciaires

- Tribunaux commerciaux spécialisés,
- Procédures accélérées de recouvrement

3. Risques systémiques

Le système financier malien évolue dans un environnement des plus vulnérables en Afrique de l'Ouest. Les risques systémiques renvoient aux perturbations susceptibles d'affecter simultanément de nombreux acteurs, entraînant une instabilité générale.

3.1. Risques macroéconomiques

3.1.1. Dépendance au franc CFA et au régime de change fixe

- Impossibilité de dévaluer pour relancer les exportations,
- Politique monétaire contrainte par la BCEAO,
- Exposition au cycle économique européen.

3.1.2. Faible diversification économique

- Agriculture et or = 80 % des exportations,
- Faibles amortisseurs macroéconomiques,
- Choc des prix internationaux immédiatement répercuté.

3.1.3. Déficit de financement du secteur productif

- Ratio crédit/PIB trop bas,
- Impossibilité de financer une transformation structurelle rapide.

3.2. Risques sécuritaires et politiques

- Instabilité politique récurrente,
- Insécurité dans le centre et le nord,
- Retrait ou hésitation des investisseurs étrangers.

Selon (BM, 2023), « Le risque sécuritaire est la principale contrainte à l'investissement privé au Mali. »

3.3. Risques bancaires internes

- Concentration bancaire : 5 banques dominent 72 % des actifs, risque de contagion.
- Dépendance au financement court terme : les banques manquent de ressources longues :
    - Absence de marché obligataire profond,
    - Faiblesse de l'épargne longue domestique.
- Niveau des créances douteuses
- Près de 15–17 % du total des crédits (BCEAO, 2023)
- Bien au-dessus des standards internationaux (<5 %).

4. Surliquidité paradoxale

Les banques affichent parfois des excédents de liquidité, mais :

- Refusent de prêter,
- Privilégient les bons du Trésor (risque faible),
- Renforcent l'exclusion financière.

4.1. Risques liés aux FinTech et au mobile money

- Cybersécurité : attaques informatiques accrues sur les opérateurs télécoms africains.
- Dépendance à des acteurs étrangers : Wave, Orange, rapatriation potentielle des bénéfices.
- Manque d'interopérabilité totale : même si la BCEAO avance, les intégrations ne sont pas encore complètes dans tous les services.
- Fraude numérique **:** croissance du phishing, SIM swap, transactions frauduleuses.

4.2. Risques systémiques régionaux (UEMOA)

Les risques systémiques du Mali sont interdépendants de ceux de l'Union :

- Vulnérabilité climatique et alimentaire,
- Exposition à la flambée mondiale des prix,
- Dépendance vis-à-vis de l'approvisionnement extérieur (ALPC),
- Faible industrialisation régionale,
- Compétitivité limitée face aux pays émergents (Maroc, Égypte, Kenya, Afrique du Sud).

Le système financier malien fait face à un triptyque de contraintes structurelles majeures :

- Un coût du crédit trop élevé pour financer la productivité.
- Un régime de garanties qui exclut les acteurs les plus dynamiques (PME, agriculture).
- Des risques systémiques élevés en raison d'une architecture financière et politique fragile.

Ces contraintes doivent être levées pour permettre le passage d'un système financier extractif vers un système financier développemental, capable d'accompagner :

- L'industrialisation,
- L'agro-transformation,
- L'investissement productif,
- L'innovation,
- Et le capital humain.

SECTION 3 : FINANCEMENT SECTORIEL

Le financement sectoriel constitue l'un des déterminants les plus critiques de la transformation structurelle de l'économie malienne. Dans un contexte marqué par :

- Une faible diversification productive,
- Un accès limité au crédit,
- Un système bancaire avers au risque,
- Un déficit chronique de garanties,
- Une faible intermédiation financière.

L'analyse sectorielle du financement permet d'apprécier les capacités du système financier à répondre aux besoins réels des secteurs productifs. Cette section couvre trois secteurs stratégiques :

- L'agro-industrie, pilier de l'économie rurale et de la sécurité alimentaire ;
- L'industrie manufacturière, moteur potentiel d'industrialisation et d'emploi ;
- Les PMEs et les start-ups, cœur de la création d'emplois et de l'innovation.

1. Financement de l'agro-industrie

1.1. Importance stratégique du secteur

L'agriculture représente (INSTAT, 2023) :

- Entre 35 et 40 % du PIB (INSTAT, 2024),
- 65 % des emplois,
- Plus de 75 % des exportations, dominées par le coton et l'or,
- Le principal levier de développement rural.

L'agro-industrie comprend :

- La transformation primaire (riz, mil/sorgho, maïs, arachide),
- La transformation secondaire (huiles, farines, aliments bétail),
- La valorisation des chaînes de valeur (mangue, karité, gomme arabique, sésame).

Pourtant, le financement demeure extrêmement limité.

1.2. Faible part du crédit bancaire

Selon la (BCEAO, 2024), moins de 4 % du volume total des crédits bancaires est destiné à l'agriculture, alors que le secteur constitue la principale activité économique. Les banques préfèrent financer :

- Le commerce (35–40 %),
- Les services,
- Les importations (automobiles, matériaux),
- Les BTP,
- L'État via les bons du Trésor (risque minimal, taux garantis).

Le paradoxe est donc : les secteurs les plus risqués sont les moins financés, alors qu'ils représentent le cœur de la croissance réelle.

1.3. Contraintes clés au financement de l'agro-industrie

1.3.1. Risques climatiques et de production

Ces risques se caractérisent par l'absence :

- D'assurance agricole,

- D'irrigation massive,
- De mécanisation,
- De maîtrise de l'eau,

Ils renforcent la perception du risque par les banques.

1.3.2. Manque d'infrastructures de transformation

Les unités de transformation locales sont insuffisantes pour absorber les surplus agricoles.

1.3.3. Informalité et documentation insuffisante

- Pas d'états financiers certifiés.
- Absence d'historique bancaire.
- Comptabilité rudimentaire dans les exploitations.

1.3.4. Garanties inadaptées

Le foncier rural n'est pas suffisamment titré (titre foncier = collatéral le plus acceptable par les banques), ce qui exclut les exploitants familiaux.

1.4. Rôles des institutions financières spécialisées

1.4.1. BNDA (Banque Nationale de Développement Agricole)

- Principal instrument de financement agricole,
- Mais ressources limitées et dépendantes de lignes de crédit extérieures (BAD, BOAD, FIDA).

1.4.2. Fonds de développement agricole

Programmes financés par :
- World Bank / IDA,
- FIDA,
- BOAD,
- USAID Feed The Future,
- UE.

Mais le financement reste projet-dépendant, non systémique.

1.4.3. Assurances agricoles

Lancement pilote d'un système assurantiel, mais couverture encore marginale.

1.5. Besoins de financement du secteur agro-industriel

Selon le PDA/Mali, 2 000 milliards FCFA nécessaires pour (MLL, 2022) :

- Irrigation,
- Équipements,
- Transformation,
- Chaînes de froid,
- Logistique.

Les besoins réels dépassent les capacités actuelles du système financier.

1.6. Solutions structurelles potentielles

- Banque de développement agricole renforcée (type Exim Bank)
- Fonds de garantie spécialisés agro-industrie
- Financement par chaînes de valeur (contrats tripartites : producteur–acheteur–banque)
- Partenariats public–privé ruraux
- Digitalisation des paiements agricoles
- Assurance agricole obligatoire
- Systèmes d'agrégation et coopératives bancables

2. Financement de l'industrie manufacturière

2.1. Structure industrielle et besoins financiers

Le Mali dispose d'une base industrielle limitée mais stratégique :
- Agro-transformation : riz, huile, coton (huile/tourteaux), lait, sucre ;
- Matériaux de construction : ciment, métallique ;
- Textile et cuir : potentiel élevé, faible intégration ;

- Chimie légère : savon, engrais, plastiques ;
- Métallurgie primaire.

Cependant, l'industrie représente moins de 18 % du PIB (INSTAT, 2024), loin des standards des pays émergents (25–30 %) (BM, 2023).

2.2. Contraintes spécifiques au financement industriel

- Investissements lourds et de long terme

Les banques financent principalement le court terme (≤ 36 mois). Or l'industrie requiert des financements à 7–15 ans.

- Coûts énergétiques élevés

Le kWh au Mali reste parmi les plus chers d'Afrique de l'Ouest (EDM-SA, 2023). Les banques perçoivent un risque de non-compétitivité.

- Manque de garanties industrielles

Le matériel industriel ne constitue pas une garantie solide (risque de dépréciation).

- Informalité et faible bancarisation des acteurs industriels naissants
- Absence de fonds d'investissement nationaux

Le capital-investissement reste embryonnaire : « Mali accounts for less than 1 % of West African private equity flows. » (BM, 2023) (IFC, 2022)

2.3. Instruments actuels disponibles

- (BAD, 2020)

Financement des projets supérieurs à 10 milliards FCFA, mais processus longs et complexes.

- Fonds de garantie des PMEs (FGSP)

Utile mais insuffisamment capitalisé.

- BRVM

Peu utilisée par les entreprises maliennes (2 sociétés cotées historiquement).

2.4. Solutions structurelles recommandées

- Banque nationale d'investissement industriel
- Crédit export (Exim) pour importation de machines
- Fonds souverain pour industrialisation
- Zones industrielles + financement prioritaire
- Programmes de leasing industriel (très efficaces au Kenya & Maroc)
- Rôle stratégique des PPP et ZLECAf

3. Financement des PMEs et start-ups

3.1. Importance économique

Les PMEs représentent :

- 90–95 % du tissu productif (INSTAT, 2023),
- 40–50 % des emplois urbains,
- Mais moins de 15 % du crédit bancaire (BCEAO, 2024).

Les start-ups constituent un segment encore plus marginal mais en expansion (FinTech, e-commerce, éducation numérique).

3.2. Contraintes majeures au financement

- Garanties et collatéraux inexistants : la grande majorité des PMEs :

- N'ont pas de patrimoine,
- N'ont pas d'états financiers certifiés,
- Sont dans l'informel.

Coût du crédit prohibitif : les PMEs empruntent à 12–16 %. (BCEAO, 2023)

- Absence de fonds de capital-risque locaux

- Aucun VC institutionnel malien.
- Dépendance totale aux investisseurs internationaux (très rares).

- Faible capacité de gestion et gouvernance : la formation financière est limitée.

- Faible soutien public : les dispositifs existants (ANPE, APEJ, PACEPEP, FARE) ont un impact limité.

3.3. Entrepreneuriat technologique et financement

Les FinTech représentent une opportunité majeure :
- 22 millions de comptes mobiles money (Tech, 2024),
- Hausse du e-commerce,
- Montée des services numériques.

Mais les start-ups souffrent d'absence de seed funding, d'insuffisance d'incubateurs performants, et de mentors, et accès difficile au capital innovation.

3.4. Solutions de financement des PME

- Fonds de garantie renforcé : couvrir jusqu'à 70 % des risques.

- Banques spécialisées PMEs : modèle inspiré de :

- Tunisia SME Bank,
- Nigerian Development Bank.

- Fonds de capital-risque national : un fonds souverain pour innovation.

- Incubateurs dans les universités : soutien aux jeunes diplômés.

- **Crédit fiscal innovation :** inspiré du Crédit d'impôt recherche (France).

3.5. Rôle du digital dans l'inclusion

- Scoring digital,
- Paiements numériques,
- Mobile money pour les micro-entreprises,
- Plateformes de micro-crédit digital (Kenya type M-Shwari),
- Registres numériques des garanties mobilières.

Le financement sectoriel au Mali souffre d'un triple déficit :

- Une inadéquation entre l'offre bancaire et les besoins des secteurs productifs.
- Un manque d'instruments financiers adaptés à l'agriculture, à l'industrie et aux PME.
- Une absence d'écosystème financier innovant capable de soutenir les transformations structurelles.

Pour y remédier, le système financier malien doit entrer dans une logique de finance développementale, fondée sur :

- Des fonds souverains sectoriels,
- Une réorientation des banques vers l'investissement long terme,
- Une garantie publique renforcée,
- Un rôle accru des FinTech,
- Une politique nationale de capital-risque.

SECTION 4 : INCLUSION FINANCIÈRE, TRANSFORMATION NUMÉRIQUE ET POLITIQUES PUBLIQUES

L'inclusion financière est devenue un déterminant majeur du développement économique dans les économies africaines, particulièrement dans les pays à faible revenu comme le Mali. Elle représente non seulement un levier pour la lutte contre la pauvreté, mais également un pilier de la transformation structurelle à travers l'intégration de millions d'agents économiques informels dans les circuits financiers formels.

Dans un pays où :

- Moins de 20 % de la population détient un compte bancaire formel (BCEAO, 2024),
- Plus de 80 % des transactions passent par les circuits informels,
- Le mobile money représente plus de 60 % de la valeur totale des paiements électroniques,
- L'accès au crédit reste limité pour les ménages, les PMEs et les agriculteurs.

L'inclusion financière est indissociable de la transformation numérique et des réformes structurelles visant à réduire les obstacles systémiques.

1. Dynamique de l'inclusion financière au Mali

1.1. Taux d'inclusion financière : tendances récentes

Selon la Stratégie Nationale d'Inclusion Financière du Mali (MEF, 2020) et les données (BCEAO, 2023) :

- Taux d'accès aux services financiers formels : 18–21 %
- Taux d'accès aux services financiers élargis (incluant mobile money) : 55–60 %
- Taux d'utilisation active des services financiers : environ 35 %
- Taux de bancarisation stricte : < 12 %

Tableau 19 : Comparé à d'autres pays :

Pays	Taux d'utilisation des services financiers formels (2024)
Kenya	83 %
Ghana	58 %
Côte d'Ivoire	40 %
Sénégal	42 %
Mali	18 %

Le Mali se situe parmi les pays les moins intégrés financièrement de la sous-région.

1.2. Déterminants structurels de la faible inclusion

1.2.1. Coût des services financiers

Les banques exigent :
- Frais d'ouverture élevés,
- Soldes minimums,
- Frais de tenue de comptes importants,
- Coûts de transfert élevés.

1.2.2. Distance physique et inégalités géographiques

Le Mali possède moins de 300 agences bancaires pour 22 millions d'habitants, soit 1 agence pour 73 000 habitants, contre 1 pour 7 000 au Maroc.

1.2.3. Faible littératie financière

Selon (OCDE , 2023), moins de 20 % des adultes maliens comprennent les concepts de base :
- Taux d'intérêt,
- Inflation,
- Épargne,
- Risque.

1.2.4. Poids de l'informel

- 90 % de l'économie fonctionne hors cadre fiscal,
- Pas d'états financiers,
- Faible confiance dans les institutions.

2. Transformation numérique du système financier

2.1. L'essor du mobile money

Depuis 2018–2024, le mobile money connaît une croissance exponentielle. (BCEAO, 2023) (GSMA , 2023) (BM, 2022) :
- 22 millions de comptes mobiles money au Mali, soit un taux de pénétration supérieur à 90 % des adultes.
- Plus de 1,3 billion FCFA de volume transactionnel annuel,
- Représentant > 60 % des paiements électroniques du pays.

Les principaux acteurs :
- Orange Money
- Moov Money
- SAMA Money
- Banques via applications digitalisées (BMS, BOA, Ecobank, BSIC)

Le mobile money est devenu l'infrastructure financière dominante.

2.2. Digitalisation des services financiers

Innovations introduites :
- Portefeuilles électroniques bancarisés : lien compte bancaire et mobile money, facilitant l'épargne et le transfert.
- Banque digitale 24/7 : API, applications mobiles bancaires, distribution numérique.
- Prêt digital (nano-crédit) : modèle inspiré du Kenya (M-Shwari), encore limité au Mali mais en progression.
- Scoring algorithmique : utilisation des données télécoms (KYC digital) pour évaluer le risque.
- Plateformes de paiement digitalisées dans les filières agricoles : coton, anacarde, mangue, céréales.

2.3. FinTech et innovation

Le Mali compte environ 15–20 FinTech actives, particulièrement dans :
- Paiement numérique
- Gestion des caisses de solidarité
- Digitalisation des tontines
- Micro-assurance
- Crédit digital
- Blockchain pour sécurisation foncière (projets pilotes)

Les contraintes des FinTech :
- Absence d'un cadre réglementaire dédié,
- Accès difficile au capital-risque,
- Dépendance aux opérateurs télécoms pour l'infrastructure.

3. Reforme publiques d'inclusion financière

3.1. La Stratégie Nationale d'Inclusion Financière

Objectifs clés (MEF, 2020):
- Atteindre 75 % d'accès aux services financiers élargis,
- Augmenter le taux de bancarisation,
- Développer la finance numérique,
- Renforcer la microfinance,
- Améliorer la protection des consommateurs.

3.2. Réformes structurantes en cours

- Régulation du mobile money par la BCEAO

- Normes de KYC (identification),
- Plafonds transactionnels,
- Séparation opérateurs, émetteurs de monnaie électronique.

- Loi sur le crédit-bail (leasing) : adoptée dans l'UEMOA pour financer :

- Équipements,
- Machines industrielles,
- Véhicules professionnels.

- Modernisation du Bureau d'Information sur le Crédit (BIC) : permet de réduire l'asymétrie d'information.
- Digitalisation des paiements publics (e-taxes, e-impôts)

Ces reformes participeront à réduire le cash, augmenter la traçabilité, améliorer la mobilisation fiscale.

4. Inclusion financière des femmes et jeunes

4.1. Situation actuelle

Les femmes représentent (INSTAT, 2022) :
- 52 % de la population,
- Mais seulement 20 % du crédit formel.

Les jeunes (15–35 ans) (BCEAO, 2021; World Bank, (2023)) ont :

- Un taux de bancarisation < 10 %,
- Mais une utilisation du mobile money > 75 %.

4.2. Programmes dédiés

- FARE (Fonds d'Appui à la Réinsertion)
- PACEPEP
- Projet Jigisemejiri (filets sociaux)
- Programmes BAD d'entrepreneuriat féminin
- Programmes UE pour autonomisation économique des femmes rurales

5. Les infrastructures numériques et leur impact

Infrastructures déterminantes :
- Couverture réseau 3G/4G
- Data centers locaux
- Interopérabilité mobile
- Blockchain foncière industrielle
- Plateformes digitales pour les paiements agricoles

L'amélioration de la connectivité permet d'accroître :
- L'accès au crédit,
- La productivité rurale,
- L'accès aux marchés,
- La traçabilité des chaînes de valeur.

6. Perspectives et conditions de succès

Conditions pour une inclusion totale :

- Lutter contre les coûts élevés du crédit

- Réduire taux directeurs BCEAO,
- Subventionner les taux pour secteurs productifs.

- Créer un marché national des données

- open banking,
- open data Agricole.

- Développer la micro-assurance et les produits de protection financière.

- Un cadre légal pour les FinTech

- Sandbox réglementaire,
- Agrément spécifique,
- Partenariats banque–FinTech.

- Digitalisation complète des paiements publics : salaires, taxes, factures EDM, eau.

- Fonds national d'inclusion financière :

- Financement de l'innovation,
- Crédit aux PMEs jeunes,
- Soutien à l'agro-industrie.

L'inclusion financière n'est plus un simple outil social ; elle devient une infrastructure stratégique pour la transformation économique du Mali. Le passage massif au mobile money et l'entrée progressive des FinTech offrent une fenêtre historique pour intégrer l'informel, renforcer la fiscalité, financer les PMEs et créer de nouveaux modèles de développement.

Mais la réussite de cette transformation exige :

- Une gouvernance financière modernisée,
- Des politiques publiques robustes,
- Un écosystème numérique sécurisé,
- Et une stratégie nationale d'investissement dans le capital humain.

CHAPITRE 8 :

LE SECTEUR INFORMEL, DYNAMIQUES ET PRODUCTIVITÉ

SECTION 1 : TYPOLOGIE DU SECTEUR INFORMEL EN AFRIQUE DE L'OUEST ET AU MALI

Introduction : un pilier structurel des économies africaines

Le secteur informel occupe une place centrale dans les économies africaines, particulièrement en Afrique subsaharienne où il représente en moyenne 80 à 92 % de l'emploi total, 55 à 70 % du PIB, ainsi qu'une part majoritaire du tissu entrepreneurial (OIT B. M., 2023) (BM, 2022); (BAD, 2021). Au Mali, ces proportions sont encore plus marquées :

- 93 % de l'emploi total provient de l'informel (INSTAT, 2023);
- Plus de 60 % du PIB est généré hors du secteur structuré (BM, 2022/2023) (BM, 2022) ;
- 97 % des unités économiques ne disposent ni d'immatriculation fiscale ni de comptabilité formelle (INSTAT, 2023).

Cette prédominance résulte d'un double processus historique :

- Héritage structurel de systèmes productifs faiblement industrialisés ;
- Réponse adaptative à une démographie galopante et à une faible capacitée d'absorption du secteur formel.

Le secteur informel est ainsi devenu un amortisseur social, un réservoir d'activités et un vecteur de résilience, tout en constituant un défi majeur pour la productivité, la fiscalité et la transformation structurelle.

Dans cette section, nous caractérisons les quatre grandes catégories du secteur informel : commerce, artisanat, services, transport, en examinant leurs dynamiques internes, leurs structures économiques, leurs interactions avec le formel et leurs enjeux en termes de compétitivité.

1. Typologie du secteur informel

1.1. Le commerce informel : le cœur battant de l'économie urbaine

1.1.1. Poids économique

Le commerce représente 40 à 55 % de l'ensemble des activités informelles en Afrique de l'Ouest (OIT, 2023). Au Mali, cette proportion dépasse 48 % (INSTAT, 2023). Il s'agit du segment le plus visible et le plus dynamique, structuré autour de trois sous-catégories :

Commerce de détail micro–entrepreneurial

- Boutiques de quartier, kiosques, vendeurs ambulants, étalagistes.
- Capital de démarrage moyen : 50 000 à 300 000 FCFA.
- Taux de rotation rapide, marges faibles mais volume élevé.

Commerce de gros informel

- Importations non enregistrées via les corridors : Guinée, Sénégal, Côte d'Ivoire, Burkina Faso.
- Forte prégnance des réseaux marchands transnationaux, notamment Hausa, Dioula, Soninké et Mauritaniens.

Commerce transfrontalier

Ce segment représente jusqu'à 20 % des échanges régionaux, mais n'apparaît pas dans les statistiques officielles (CEDEAO, 2021). Il est structuré autour de flux :

- Produits agricoles (mangues, oignons, bétail)
- Textile et friperie
- Produits manufacturés asiatiques.

1.2. Facteurs d'expansion

- Barrières d'entrée faibles ;
- Marginalisation de la distribution formelle ;
- Coûts administratifs et fiscaux élevés dans le secteur formel ;

- Poids des réseaux sociaux et communautaires (capital social comme substitut au capital financier).

1.3. Contraintes majeures

- Absence d'accès au crédit ;
- Forte dépendance aux chaînes d'approvisionnement informelles ;
- Pertes post–importation (dépréciation, stockage précaire) ;
- Exposition aux risques sanitaires, climatiques et sécuritaires.

2. L'artisanat : un secteur à forte intensité de main-d'œuvre

2.1. Structure

L'artisanat représente entre 20 % et 30 % du secteur informel dans les pays du Sahel (BAD, 2023-2024.). Au Mali, il mobilise près de 2 millions de travailleurs, soit 24 % de l'emploi total (INSTAT, 2023).

2.2. Principales activités

- Métallurgie artisanale : forgerons, soudeurs, tôliers.
- Menuiserie bois & aluminium : portes, fenêtres, meubles.
- Maçonnerie et construction informelle.
- Couture et confection (très dynamique chez les jeunes).
- Artisanat d'art (cuir, bois, bijoux, textiles traditionnels).

2.3. Caractéristiques économiques

- Capital initial faible : 150 000–1 000 000 FCFA.
- Recours massif à l'apprentissage traditionnel (formation par compagnonnage).
- Productivité dépendant fortement de l'expérience artisanale et du réseau social.

2.4. Contraintes

- Accès limité aux technologies modernes (machines électriques, découpe, digital fabrication).
- Faible standardisation, qualité inégale.

- Dépendance à la demande locale.
- Absence de certification, ce qui limite l'accès aux marchés formels, hôteliers ou internationaux.

3. Les services informels : un secteur en rapide mutation

3.1. Composition

Le segment des services informels est large :
- Coiffure, esthétique, réparation mobile ;
- Ateliers mécaniques (motos, tricycles, automobiles) ;
- Restauration de rue (« street food ») ;
- Lavage auto, gardiennage, petits métiers urbains.

Selon (OIT, 2022), les services informels emploient 30 % des actifs urbains en Afrique de l'Ouest. Au Mali, leur poids s'accroît rapidement, soutenu par :
- L'urbanisation (57 % de la population urbaine d'ici 2030) ;
- La démographie (70 % de moins de 30 ans) ;
- La tertiarisation des modes de consommation.

3.2. Dynamique d'innovation

Contrairement à l'image statique souvent associée à l'informel, les services sont un foyer d'innovation frugale (« *Jugaad innovation* ») :
- Réparation adaptative ;
- Recyclage créatif ;
- Maîtrise technique sans qualification formelle ;
- Rapidité d'exécution.

3.3. Vulnérabilités

- Rendements instables ;
- Absence de normes d'hygiène (restauration de rue) ;
- Capitalisation très faible ;
- Saisonnalité marquée (événements, fêtes, cycles urbains).

4. Le transport informel : la colonne vertébrale de la mobilité urbaine et rurale

4.1. Rôle dans l'économie

Le transport informel représente 70 % à 90 % de la mobilité des personnes dans les pays du Sahel (BM, 2022). Il englobe :

Transport urbain (AFD, 2021)

- Sotrama, tricycles, motos-taxis, taxis clandestins.
- Emploi massif des jeunes (18–35 ans).
- Recettes journalières moyenne : 10 000–30 000 FCFA.

Transport rural et intercommunal

- Camions informels, pick-up, minibus.
- Rôle essentiel pour acheminer produits agricoles et bétail.

Transport transfrontalier

En marge des corridors officiels. C'est la part essentielle du commerce informel de longue distance.

4.2. Problèmes structurels

- Véhicules vétustes, insécurité routière élevée ;
- Absence d'assurance fiable ;
- « Taxation informelle » (rackets, postes illégaux) ;
- Coût du carburant et rareté des pièces détachées.

4.3. Apports économiques

- Fort pouvoir d'absorption de main-d'œuvre peu qualifiée ;
- Fluidification commerciale ;
- Structuration de réseaux sociaux et économiques ;
- Réduction du coût d'accès aux services de base (santé, éducation).

Le secteur informel apparaît comme :
- Le premier employeur,
- Le premier espace entrepreneurial,
- Le premier filet social,
- Le premier système de mobilité,
- Et souvent le premier moteur de survie économique.

Cependant, malgré ses forces, sa productivité reste faible, son accès au financement limité, et son intégration dans les chaînes de valeur quasi inexistante. Ce qui appelle une analyse approfondie dans les sections suivantes.

SECTION 2 : PRODUCTIVITÉ ET FISCALITÉ DU SECTEUR INFORMEL

Le secteur informel domine l'économie des pays africains, mais cette domination s'accompagne d'un paradoxe majeur : un poids économique élevé mais une productivité très faible, et une importance sociale élevée mais une contribution fiscale limitée. Cette section analyse ce double paradoxe, en articulant :

- Les méthodes de mesure de la productivité informelle ;
- Les enjeux de pression fiscale et parafiscale ;
- La fonction sociale du secteur informel dans les économies du Sahel.

1. Mesure de la productivité informelle

1.1. Les défis méthodologiques de la mesure

Mesurer la productivité du secteur informel est complexe car :

- Les unités sont non enregistrées, donc non comptabilisées dans les comptes nationaux.
- Les travailleurs cumulent plusieurs activités, problèmes d'imputation.
- Absence de comptabilité formelle, impossible de mesurer la valeur ajoutée directement.
- Les données sont basées sur des enquêtes ménage (OIT, WIEGO, INSTAT).

Trois méthodes principales sont utilisées :

1.1.1. Approche par la valeur ajoutée imputée

Utilisée par Banque mondiale, FMI, INSTAT. Elle se fonde sur :

- Production déclarée par les ménages, consommation intermédiaire.
- Approximations basées sur les marges du commerce.

1.1.2. Approche par la productivité du travail

Calcul :

$$\text{Productivité} = \frac{\text{Valeur ajoutée}}{\text{Travailleurs occupés}}$$

Les données (OIT, 2022-2023) montrent que la productivité informelle représente :

- 14 à 25 % de la productivité du secteur formel en Afrique de l'Ouest ;
- Au Mali : production 4 à 6 fois moins productive que le secteur formel (INSTAT, 2022).

1.1.3. Approche par capital fixe et capital humain

- Faible intensité capitalistique, productivité limitée.
- Faible qualification, rendements décroissants.
- Faible accès au financement, cycles de production réduits.

Résultat général : un niveau structurellement faible

La productivité informelle est affectée par :

- Outil de production obsolète ;
- Formation essentiellement informelle ;
- Absence de normes ;
- Accès restreint aux intrants ;
- Cycles financiers courts (thésaurisation, pas de crédit).

1.2. Comparaison régionale : Afrique – Asie – Amérique latine

Selon (OIT, 2023) distingue trois zones :

Tableau 20 : Comparaison régionale : trois zones

Région	Informel/Emploi	Productivité informelle (rapport au formel)
Afrique subsaharienne	84 %	20–25 %
Asie du Sud	88 %	40–50 %
Amérique latine	57 %	60–70 %

L'Afrique est la région où l'informel est le plus massif et le moins productif parce que :

- Faibles investissements en capital ;
- Infrastructures insuffisantes ;
- Chaîne de valeur peu structurée ;
- Faible intégration au commerce international.

1.3. Productivité par segment

1.3.1. Commerce informel

Faible valeur ajoutée car :

- Marges faibles ;
- Concurrence forte ;
- Forte dépendance aux importations ;
- Absence de normalisation des produits.

1.3.2. Artisanat

- Compétences élevées mais outils rudimentaires.
- Productivité fortement liée à l'expérience, apprentissage traditionnel non certifié.
- Absence d'accès aux machines modernes.

1.3.3. Services

La productivité varie fortement :

- Mécanique, intermédiaire ;
- Street-food, faible ;
- Digital informel (réparation mobile), plus élevé.

1.3.4. Transport informel

- Dépend de l'état du véhicule ;
- Rendements journaliers élevés mais amortissement très faible ;
- Exposition à la taxation informelle sur les routes.

1.4. Le rôle des technologies dans la productivité informelle

1.4.1. Téléphonie mobile

- Amélioration de la coordination (prix, tendances) ;
- Réduction de l'asymétrie informationnelle ;
- Émergence du mobile money, fluidité des paiements.

1.4.2. Numérisation des services

- Géolocalisation pour taxi-motos ;
- Système de commande pour restaurateurs mobiles ;
- Marketplaces informelles (Facebook, WhatsApp).

2. Pression fiscale et parafiscale

2.1. L'informel contribue peu à la fiscalité :

Deux facteurs majeurs l'expliquent :

2.1.1. L'informalité de droit

- Manque d'immatriculation (NIF).
- Absence de comptabilité, impossible d'évaluer le chiffre d'affaires réel.
- Complexité administrative, coûts de conformité élevés.

2.1.2. L'informalité de fait

- Évitement fiscal lié au manque de confiance dans l'État.
- « Fiscalité informelle » : paiement non officiel (rackets, contrôles sauvages).

2.2. Pression fiscale potentielle versus réelle

Le fonds monétaire international (FMI, 2023) évalue l'écart de fiscalité entre potentiel et effectif en Afrique de l'Ouest :

Tableau 21 : Pression fiscale

Pays	Pression fiscale potentielle	Réelle
Mali	21–23 % du PIB	14,5 %
Sénégal	24–26 %	18 %
Côte d'Ivoire	25–28 %	17,2 %

L'écart provient principalement du secteur informel.

2.3. Parafiscalité : un coût invisible mais déterminant

Trois types de taxes parafiscales affectent l'informel :

2.3.1. Taxation informelle "non officielle"

- Paiements aux postes de contrôle illégaux.
- Rackets sur les routes (transport).
- « Droit de place » non réglementé.

Selon la (BAD, 2022), les acteurs informels perdent 8 à 15 % de leurs revenus à cause de la taxation informelle.

2.3.2. Coûts d'enregistrement

- Frais d'immatriculation ;
- Contribution forfaitaire ;
- Patente.

Ces coûts sont perçus comme trop élevés pour des micro-entreprises à faibles marges.

2.3.3. Para-administratif

- Coûts du temps passé dans les procédures ;
- Absence de guichets uniques ;
- Corruption de facilitation.

2.4. Les défis de la formalisation fiscale

2.4.1. Le coût fixe de la formalisation

La littératie comptable et financière faible rend la tenue de livres coûteuse.
La fiscalité applicable au réel (BIC, TVA) n'est pas adaptée aux micro-activités.

2.4.2. Les modèles africains de fiscalité simplifiée

Selon la (DGI , 2023)

- Sénégal : Contribution Globale Unique (CGU),
- Bénin : Taxe Professionnelle Synthétique (TPS)
- Rwanda : *Presumptive Tax* très efficace grâce à la digitalisation.

Le Mali peut s'en inspirer pour une réforme graduelle.

3. Le rôle social du secteur informel

3.1. Un amortisseur social

L'informel absorbe :
- Les chocs économiques (récessions) ;
- Les chocs démographiques (jeunesse abondante) ;
- Les chocs sécuritaires et climatiques (Sahel).

En période de crise, l'emploi formel diminue mais l'informel augmente (BM, OIT,, 2020/2023).

3.2. Filets sociaux informels

Trois niveaux structurants :

3.2.1. Solidarité familiale

- Financement de micro-projets ;
- Hébergement et emploi temporaire.

3.2.2. Réseaux professionnels (corporations communautaires)

- Apprentissage traditionnel (organisé par maîtres artisans) ;
- Régulation par l'honneur et la réputation.

3.2.3. Tontines et épargne informelle

- Principal mécanisme d'épargne et de crédit ;
- Remplace les banques ;
- Rôle stabilisateur en période de crise.

3.3. Informel et résilience des ménages

Selon la Banque mondiale (BCEAO, 2022) 72 % des ménages urbains africains dépendent de l'informel comme revenu principal. Après un choc (maladie, décès, perte d'emploi), 83 % des ménages se tournent vers des mécanismes informels, non vers l'État.

3.4. Informel et cohésion sociale

3.4.1. Identité professionnelle

Les métiers informels sont souvent transmissibles intergénérationnellement.

3.4.2. Réduction de la criminalité

L'emploi informel évite le basculement dans l'illégalité. La sécurisation sociale par le travail, même non formel.

3.4.3. Participation économique féminine

Les femmes représentent 89 % de l'emploi féminin non agricole au Mali (OIT, 2022). Le secteur informel est le premier espace d'émancipation économique féminine.

Cette section a montré que le secteur informel :

- Souffre d'une productivité structurellement faible,
- Contribue insuffisamment à la base fiscale, mais joue un rôle social vital.

L'enjeu pour les politiques publiques n'est donc pas de supprimer l'informel, mais de le transformer, de manière progressive, inclusive et technologiquement soutenue.

SECTION 3 : TRANSITION VERS LE FORMEL : OBSTACLES, STRATÉGIES GRADUELLES ET PROTECTION SOCIALE MINIMALISTE

1. Obstacles institutionnels à la formalisation

La transition du secteur informel vers le secteur formel demeure un défi majeur dans les économies d'Afrique subsaharienne, et tout particulièrement au Mali où l'informel représente plus de 90 % de l'emploi total et 30 à 40 % du PIB selon (OIT, 2019) et (UEMOA, 2022). Les obstacles à cette formalisation sont multidimensionnels : institutionnels, fiscaux, socioculturels, structurels et économiques. Leur compréhension approfondie constitue une étape fondamentale pour l'élaboration de politiques publiques efficaces.

1.1. Complexité administrative et coûts de formalisation

Le premier obstacle institutionnel tient à la complexité des procédures administratives. Selon la Banque mondiale (BM, 2020) (Doing Business, 2020), la création d'entreprise au Mali exigeait entre 6 et 10 procédures formelles, un délai de 8 à 11 jours, un coût total équivalant à 100 à 130 % du revenu par habitant.

Bien que le Mali ait adopté plusieurs réformes entre 2018 et 2023 (digitalisation partielle du GUFE, simplification de la patente), les coûts implicites de la formalisation demeurent élevés (BM, 2023) :

- Frais de registre du commerce
- Coûts de notaire
- Établissement du NINA et immatriculation fiscale
- Démarches CNPS
- Ouverture du compte bancaire obligatoire
- Obligations comptables et parafiscales

Pour un micro-entrepreneur réalisant un chiffre d'affaires annuel inférieur à 2 millions FCFA, ces coûts représentent un signal de dissuasion fort.

1.2. Fiscalité perçue comme punitive

Plusieurs études ((FMI, 2021) ; (BAD, 2022); (AFRISTAT, 2019) montrent que les opérateurs informels considèrent la fiscalité comme :

- Incompréhensible,
- Rédhibitoire,
- Non proportionnelle aux revenus réels,
- Et surtout dépourvue de contreparties visibles.

L'absence de progressivité, la faiblesse des seuils d'imposition, la multiplicité des taxes locales et des prélèvements informels (paiements illégaux, rackets dans les marchés, contributions « traditionnelles ») renforcent l'aversion à la formalisation.

1.3. Gouvernance défaillante et faible crédibilité des institutions

Trois dimensions structurent cette défiance :
- Déficit de confiance dans l'État : corruption, lenteurs administratives, non-respect des règles.
- Manque de fiabilité des données fiscales et sociales : erreurs d'immatriculation, doublons, absence de registres nationaux interconnectés.
- Forte présence des autorités traditionnelles : chefferies, associations informelles, coopératives non enregistrées qui « remplacent » l'État dans la gouvernance locale.

Selon l'étude (Afrobarometer, 2022), 67 % des Maliens estiment que l'État ne leur fournit pas les services de base en échange des impôts payés.

1.4. Faiblesse de la protection sociale formelle

Les travailleurs informels sont exclus de l'assurance maladie obligatoire, de la retraite, des assurances professionnelles et des dispositifs de risques sociaux. Cette exclusion constitue un puissant incitatif à rester en dehors du système fiscal formel. L'OIT estime que seuls 12 % des travailleurs maliens disposent d'une forme de couverture sociale contributive (OIT, 215).

1.5. Contraintes structurelles : financement, productivité et capital humain

La productivité moyenne d'un travailleur informel est 2 à 6 fois inférieure à celle d'un travailleur formel (OIT, 2019). Les principaux déterminants sont :
- Faible accès au financement bancaire
- Absence de formation professionnelle certifiée
- Instruments de production obsolètes

- Absence de comptabilité fiable
- Organisation familiale ou micro-entrepreneuriale inefficiente

La formalisation implique donc une mutation profonde qui dépasse la simple immatriculation fiscale.

2. Approches graduelles de transition vers le formel

Les recherches de l'OIT, de la BAD, de l'OCDE et de la Banque mondiale convergent : la formalisation ne peut pas être brutale, punitive ou administrativement imposée. Elle doit être progressive, incitative, sectorielle et territorialisée, accompagnée d'améliorations institutionnelles préalables.

2.1. Approche 1 : Formalisation progressive par étapes (sequenced formalization)

Modèle recommandé par :
- (OIT, 215)
- (OCDE, 2021)

Étapes :
- Identification (enregistrement volontaire simplifié, registres locaux)
- Autorisation minimale (cartes professionnelles, licences temporaires)
- Régime fiscal simplifié (forfait progressif, micro-taxe adaptée)
- Intégration aux services de protection sociale
- Accès au crédit formel
- Régime fiscal normalisé (à long terme)

Cette transition séquencée permet d'éviter les chocs immédiats et les fermetures d'activités.

2.2. Approche 2 : Régimes fiscaux adaptés

L'expérience du Brésil et du « Simples Nacional », de l'Éthiopie, du Rwanda (Small Taxpayers Regime) et du Ghana (Tax Stamp System) montrent que la formalisation fonctionne lorsque la fiscalité est :

- Proportionnelle au chiffre d'affaires réel
- Stable et prévisible
- Simple à comprendre et à payer (mobile money fiscal)
- Liée à des services visibles (sécurité, propreté, éclairage public)

Au Mali, la mise en place d'un « Régime Micro-Fiscal Allégé » (RMFA) apparaît pertinente, avec :
- Un seuil applicable
- Un taux unique réduit
- Un paiement trimestriel via mobile money
- Une exonération les deux premières années pour les entreprises nouvellement enregistrées

2.3. Approche 3 : Formalisation territorialisée (marchés, transports, artisanat)

La BAD recommande de formaliser par clusters territoriaux, et non par individus (BAD, 2023) :
- Marchés urbains
- Gares routières
- Zones artisanales
- Périmètres agro-industries
- Plateformes logistiques
- Ateliers villageois

Chaque cluster peut être accompagné par un guichet administratif unique mobile, un centre de services partagés, un dispositif sanitaire et social et un système de paiement numérique obligatoire

2.4. Approche 4 : Accès au crédit comme outil de formalisation

L'expérience des Business Development Services (BDS) en Éthiopie et au Rwanda montre que l'accès au financement formel est le premier incitatif réel à la formalisation.

Les conditions de succès sont :
- Micro-crédits garantis par fonds publics
- Obligations comptables ultra-simplifiées

- Digitalisation des paiements
- Accompagnement technique sur 3–5 ans

2.5. Approche 5 : Substitution progressive de la protection traditionnelle par la protection sociale formelle

Dans de nombreuses zones rurales, les systèmes traditionnels (famille, solidarité, tontines) constituent une « assurance » informelle.

La transition exige :
- Mutualisation des risques (mutuelles de santé communautaires)
- Cotisations proportionnelles ou symboliques la 1re année
- Subvention partielle de l'État
- Identification biométrique harmonisée

3. Mise en place d'une protection sociale minimaliste pour travailleurs informels

La formalisation n'est crédible que si elle apporte des avantages tangibles.
Au cœur de ces avantages : une protection sociale minimale, accessible, flexible et adaptée aux conditions socioéconomiques.

3.1. Fondement théorique : sécurité économique et productivité

Selon (OIT, 2022), l'absence de couverture sociale, augmente la vulnérabilité aux chocs, accroît l'instabilité macroéconomique, réduit la capacité d'investissement des ménages et freine la productivité individuelle. Les modèles de protection sociale minimale (PSM) recommandent une couverture santé de base, une assurance vieillesse minimale, des dispositifs de maternité et accidents et un revenu minimum garanti sur critères de pauvreté

3.2. Un système contributif ultra-simplifié

La protection sociale minimaliste pour l'informel doit être contributive, proportionnelle, flexible et mobile (paiement par téléphone).

Propositions recommandées :

- Cotisation mensuelle : entre 500 et 2 500 FCFA
- Couverture santé partielle
- Droits sociaux limités mais réels
- Adossement obligatoire à l'immatriculation micro-fiscale

3.3. Intégration des tontines, associations et coopératives comme vecteurs

Les systèmes traditionnels peuvent être utilisés comme intermédiaires structurants. Selon la Banque mondiale, 28 % des Maliens participent à une tontine (BM, 2022). Les avantages se découvrent dans l'identification facile, la cohésion sociale, la gestion mutualisée des risques, la réduction de la fraude et la transition douce vers le formel

3.4. Filets sociaux productifs

Inspirés des modèles du Rwanda (VUP) et du Ghana (LEAP) (BM, 2023):

- Transfert monétaire conditionné
- Formation professionnelle
- Soutien à l'auto-emploi
- Accompagnement managérial
- Accès au crédit subventionné

Ce dispositif permet de transformer l'informel en informel amélioré, étape intermédiaire vers le formel.

4. Vers une stratégie nationale de formalisation inclusive

Les piliers à intégrer dans la politique nationale :

- Simplification administrative extrême (renforcement de la digitalisation)
- Régimes fiscaux proportionnels et progressifs
- Accès au financement formel pour activités informelles identifiées
- Protection sociale minimaliste obligatoire

- Approche sectorielle (transport, commerce, artisanat, services)
- Approche territoriale (marchés, pôles artisanaux, clusters logistiques)
- Partenariat État – secteur privé – collectivités
- Évaluations continues et ajustements annuels

SECTION 4 : VERS UNE FORMALISATION PRODUCTIVE, POLITIQUES PUBLIQUES, NUMÉRISATION ET GOUVERNANCE

1. Modernisation numérique et registres intelligents : fondement d'une gouvernance de l'informel

La montée en puissance de la numérisation représente une opportunité historique pour la formalisation progressive du secteur informel africain. Les pays les plus performants en matière d'intégration de l'économie informelle (Rwanda, Ghana, Kenya, Ethiopie, Maroc) ont basé leur transition sur la construction d'identités économiques numériques, de registres centralisés et de plateformes de paiement intégrées.

1.1. Identité numérique et registre unique de l'entreprise

Selon la Banque mondiale (BM, 2023), l'identification numérique des acteurs économiques est la première condition de formalisation. Trois modèles dominent :

- L'Ethiopia Digital (ID4D, 2022): enregistre artisans, commerçants, travailleurs indépendants et permet l'accès à un système fiscal simplifié.
- Le Ghana Digital Register (GDR) : fusionne identification, fiscalité, assurance maladie et licence de commerce.
- Le Rwanda Business Gateway : permet une création d'entreprise en 6 heures, entièrement en ligne.

Pour le Mali, la mise en place d'un Registre National Unique de l'Activité Économique Informelle (R-NAEI) serait structurante :

- Identification biométrique (NINA interconnecté)
- Géolocalisation des activités informelles
- Catégorisation sectorielle et taille économique

- Historique de paiements et cotisations sociales
- Passerelle avec les banques et SFD
- Notification numérique des obligations fiscales

Ce registre constitue la base d'un passage vers l'économie formelle à faible coût.

1.2. Digitalisation des paiements : outil de traçabilité et de fiscalité intelligente

D'après la (BCEAO, 2023), 93 % des paiements informels sont effectués en cash, ce qui :

- Alimente l'évasion fiscale
- Freine l'accès au crédit
- Augmente les risques de fraude
- Renforce l'économie souterraine

La transition vers le Mobile Money Fiscal (MMF) constitue un instrument innovant pour :

- Payer une taxe forfaitaire micro-fiscale
- Adhérer à une mutuelle de santé
- Régler les cotisations CNPS simplifiées
- Recevoir les subventions publiques ciblées
- Enregistrer de manière automatique les transactions professionnelles

Des pays comme l'Ouganda, le Rwanda et le Ghana utilisent déjà ce mécanisme pour fiscaliser progressivement les petits commerces sans contrainte administrative lourde.

1.3. Registres sectoriels digitalisés

Il est recommandé de déployer des registres décentralisés par secteur :

- Commerce (marchés urbains, détaillants, grossistes informels)
- Transport (sotrama, taxis, motos-taxis, camionnage artisanal)
- Artisanat (menuisiers, mécaniciens, tailleurs, teinturières)
- Services (restauration, coiffure, réparation, téléphonie)

Chaque registre permet :
- La traçabilité des flux
- L'accès au crédit sectoriel
- La formation professionnelle ciblée
- Les assurances mutualisées spécifiques
- L'identification des besoins en infrastructures

2. Politiques publiques adaptées : institutionnalisation de l'informel productif

La transition vers le formel ne peut réussir que si les pouvoirs publics adoptent une stratégie nationale claire, sectorielle et budgétisée. Plusieurs piliers s'imposent.

2.1. Reconnaissance juridique de l'entreprise informelle

L'OIT met en avant la nécessité de reconnaître juridiquement l'entreprise informelle, même sans immatriculation complète, comme (OIT, 2015) :
- Unité économique
- Entité contributive potentielle
- Acteur productif réel

Cette reconnaissance intermédiaire peut se matérialiser par :
- Une carte professionnelle simplifiée
- Une licence économique territoriale
- Un identifiant économique minimal
- Un droit d'activité sécurisé (réduction du harcèlement, rackets, évictions)

La reconnaissance juridique constitue le premier levier d'intégration.

2.2. Fiscalité intelligente et proportionnée

Les études du (FMI, 2021) et de la (BAD, 2023) convergent : une fiscalité excessive tue la formalisation, mais une fiscalité symbolique mais obligatoire l'encourage fortement.

Mécanismes recommandés :
- Taxe unique proportionnelle au chiffre d'affaires

- Exemptions les deux premières années
- Paiements trimestriels via mobile money
- Barèmes sectoriels adaptés
- Pas d'obligation de comptabilité complexe les trois premières années

Un régime fiscal intelligent crée un climat de confiance avec les opérateurs informels.

2.3. Réduction des barrières administratives

Le passage au formel doit devenir facile, rapide et peu coûteux. Mesures recommandées :

- Suppression des frais d'immatriculation pour micro-entrepreneurs
- Guichet unique mobile dans les marchés
- Enregistrement biométrique décentralisé
- Suppression du notaire pour les micro-entreprises individuelles
- Certificat d'activité délivré en 24 h
- Possibilité de formalisation via SMS pour les zones rurales

3. Infrastructures économiques et organisation territoriale

L'économie informelle dépend fortement de l'espace public et de la qualité des infrastructures locales.

3.1. Modernisation des marchés et hubs artisanaux

La (BAD, 2023) souligne que l'informel reste hautement pénalisé par :

- L'insalubrité
- L'absence de magasins sécurisés
- Le manque d'eau, d'électricité, d'éclairage
- La rareté des espaces de production
- L'insécurité et le racket

La création de Pôles Économiques Informels Modernisés (PEIM) permettrait de :

- Regrouper les acteurs par métiers
- Mutualiser les services (électricité, eau, sécurité)
- Implanter guichets uniques et services bancaires
- Réduire le coût des transactions et pertes post-production
- Intégrer des mécanismes de fiscalité locale prévisible

3.2. Zones d'appui à la productivité artisanale

L'artisanat représente plus de 35 % des emplois informels en milieu urbain (OIT, 2023). Pour augmenter sa productivité, il faut créer des zones disposant de :

- Ateliers équipés (menuiserie, couture, mécanique, métallurgie)
- Accès à la formation professionnelle duale
- Plateaux techniques mutualisés
- Incubateurs artisanaux
- Dispositifs de certification de qualité

Ces zones permettent de passer d'un artisanat de subsistance à un artisanat productif et exportable.

3.3. Gouvernance locale et autorités traditionnelles

La transition doit intégrer :

- Les chefs de marché
- Les chefferies traditionnelles
- Les syndicats informels sectoriels
- Les collectifs de commerçants
- Les tontines féminines
- Les associations professionnelles artisanales

Parce que ces structures contrôlent de façon informelle l'espace économique, les intégrer dans la gouvernance formalise automatiquement une large partie des acteurs.

4. Les moteurs structurels d'une économie informelle productive

L'objectif n'est pas d'éliminer l'informel (impossible), mais de transformer son sous-segment productif, essentiel à la croissance.

4.1. Innovation, micro-industrialisation et mécanisation

L'accroissement de la productivité passe par :

- La mécanisation légère (coutellerie, transformation agroalimentaire)
- Le micro-unités de transformation (karité, sésame, lait, soumbala)
- L'amélioration des outils artisanaux
- L'introduction de technologies solaires productives (presses, moulins, séchoirs)

L'informel peut devenir un véritable vivier de micro-industries.

4.2. Relations avec le secteur formel : sous-traitance locale

Les études du (PNUD, 2023) et du (CCI, 2023) recommandent d'intégrer l'informel dans les chaînes de valeur locales :

- BTP : sous-traitance de menuiserie, plomberie, soudure
- Textile : couture, broderie, teinture artisanale
- Agro-industrie : micro-transformation, collecte, logistique rurale
- TIC : réparation, maintenance, installations solaires

Ce modèle crée un tissu économique hybride formel-informel stabilisé.

4.3. Rôle central du capital humain

L'OIT démontre que la productivité informelle augmente de 40 % en moyenne après une formation professionnelle certifiée (OIT, 2019). Les priorités sont :

- Formation duale
- Apprentissage modernisé
- Certification des compétences (CMC)
- Inclusion des femmes et des jeunes
- Incubateurs de métiers

5. Vers une stratégie nationale de transformation productive du secteur informel

Synthèse des piliers stratégiques à intégrer dans la Politique Nationale de Transition vers le Formelle (PNTF) :

- Identité économique numérique obligatoire
- Régime fiscal proportionné et mobile
- Protection sociale minimaliste obligatoire
- Modernisation des infrastructures (marchés, zones artisanales)
- Accès au crédit formel et micro-assurance
- Développement des chaînes de valeur intégrées
- Partenariat avec collectivités, chefferies et secteur privé
- Suivi-évaluation annuel et ajustements structurels

Cette stratégie transformerait le secteur informel en levier réel de productivité, de stabilité sociale et de croissance économique.

CHAPITRE 9 :

ÉCONOMIE DE L'ÉDUCATION ET PERSPECTIVES DE TRANSFORMATION

SECTION 1 : RENDEMENTS DE L'ÉDUCATION : EMPLOI, SALAIRES ET COMPÉTENCES PRODUCTIVES

L'éducation constitue l'un des principaux moteurs structurels de la croissance économique moderne. Les travaux fondateurs de (Schultz T. W., 1961), (Becker G. S., 1964), (Mincer J. , 1984) et (Lucas R. E., 1988) ont montré que le capital humain, par la formation, les compétences et la qualification, augmente la productivité individuelle et collective, influence les trajectoires de revenus, accélère l'adoption technologique et renforce la compétitivité. Dans le contexte malien, marqué par une transition démographique rapide, un marché du travail informel à plus de 80 %, un chômage des jeunes dépassant 30 % (BM, 2023), et une demande croissante de compétences techniques, l'évaluation précise des rendements de l'éducation est essentielle pour élaborer une stratégie nationale de transformation économique.

1. Rendements privés et sociaux de l'éducation : cadre théorique

1.1. Les rendements privés : emploi, salaires et insertion professionnelle

1.1.1. Employment premium (primes d'employabilité)

Les travaux empiriques montrent que l'éducation augmente significativement la probabilité d'être employé. Selon l'UNESCO, une année supplémentaire d'études accroît en moyenne (UNESCO, 2015–2023.) :

- La probabilité d'accès à l'emploi formel de 7 à 10 %,
- La probabilité d'être employé en milieu urbain de 12 %,
- La mobilité ascendante intergénérationnelle de 15 %.

Au Mali, les données issues du (INSTAT., 2023) (API-Mali, 2023) Système d'Information sur le Marché du Travail (SIMT, 2023) confirment ces tendances :

Tableau 22 : Niveau d'étude

Niveau d'étude	Probabilité d'emploi formel
Sans diplôme	8 %
1er cycle	15 %
2nd cycle	23 %
Bac	32 %
Licence	46 %
Master/Ingénieur	58 %

Les rendements sont plus élevés dans les secteurs suivants :
- Télécommunications et numérique
- Banques, assurances et services financiers
- Agro-industries et industries manufacturières
- Énergie et infrastructure

1.1.2. Earnings premium (primes salariales)

L'équation de (Mincer J. , 1974) constitue la référence pour estimer les rendements salariaux de l'éducation. Les analyses de la banque mondiale estiment que (BM, 2023-2024) :
- Le rendement d'une année supplémentaire d'étude en Afrique subsaharienne est d'environ 8,6 %,
- Au Mali, il se situe entre 6 % et 9 % selon les secteurs.

1.2. Rendements par niveau d'éducation au Mali :

Selon la (BM, 2024)
- Enseignement secondaire : +24 % de revenu annuel moyen
- Enseignement supérieur court (Bac+2) : +38 %
- Enseignement supérieur long : +55 %

Les rendements sont plus élevés :
- Chez les femmes (+10 % supplémentaires en moyenne),
- Chez les diplômés techniques (sciences appliquées, génie, informatique),
- Dans les zones urbaines.

2. Productivité du capital humain et croissance économique

2.1. Compétences productives et économie de la connaissance

L'économie contemporaine valorise les compétences suivantes :

- Compétences cognitives (mathématiques, raisonnement, résolution de problèmes)
- Compétences socio-comportementales (discipline, travail d'équipe, leadership, adaptabilité)
- Compétences numériques (programmation, bureautique avancée, analyse data)
- Compétences techniques (manufacture, énergie, agriculture moderne, logistique)

Le Rapport Human Capital Index de la (BM, 2022) révèle qu'un enfant né au Mali en 2023 ne réalisera que 32 % de son potentiel productif à l'âge adulte s'il bénéficie des niveaux actuels d'éducation et de santé. »

La productivité nationale est donc sévèrement affectée par :

- La faible maîtrise des compétences fondamentales,
- Le faible taux de scolarisation complet (achèvement),
- Les insuffisances de l'enseignement technique et professionnel (ETFP),
- L'inadéquation compétences–emplois.

2.2. Rendements sociaux : externalités positives :

L'éducation génère aussi des bénéfices diffus pour la société :

- Réduction des taux de fécondité et meilleure santé maternelle
- Diminution du risque de conflit
- Amélioration de la gouvernance et de la participation citoyenne
- Adoption rapide des innovations technologiques
- Gains de productivité collective
- Augmentation de l'assiette fiscale par formalisation progressive

- Diminution des coûts sociaux (criminalité, chômage, pauvreté)

Selon (UNESCO, 2015–2023.), chaque dollar investi dans l'éducation rapporte entre 4 et 16 dollars en bénéfices sociaux long terme.

3. Rendements sectoriels de l'éducation dans l'économie malienne

3.1. Rendements pour l'agriculture et l'agro-industrie

La (FPRI , 2022) et la (FAO, 2023) montrent que dans les pays sahéliens :

- Un agriculteur alphabétisé augmente sa productivité de 18 à 24 % ;
- La formation technique augmente les revenus agricoles de 40 à 60 % ;
- L'adoption d'innovations (irrigation, semences améliorées, solaire) dépend du niveau d'éducation.

3.2. Rendements pour l'industrie manufacturière

L' (API-Mali, 2023) Les entreprises industrielles au Mali déclarent que :

- 70 % des postes techniques ne trouvent pas de candidats qualifiés ;
- Une entreprise formant son personnel augmente sa productivité de 20 à 37 % ;
- Les travailleurs ayant le niveau BTS/ingénieur génèrent un rendement salarial 40 % supérieur.

3.3. Rendements dans le numérique et les services

Selon (ITU , 2023) une hausse de 10 % de la pénétration Internet fait croître le PIB de 1,38 % et les emplois numériques rémunèrent 2,5 fois plus que le salaire urbain moyen au Mali.

4. Analyse macroéconomique : modèles de croissance et capital humain

4.1. Modèle de Lucas (1988)

Le capital humain est un facteur endogène de croissance. Pour lui, plus un pays investit dans l'éducation, plus sa croissance est auto-entretenue.

4.2. Modèle de Romer (1990)

Le capital humain stimule la recherche, l'innovation, et les retombées technologiques (spillovers).

4.3. Simulations pour le Mali

Selon le (FMI, 2024), doubler le taux d'achèvement du secondaire d'ici 2035 augmenterait le PIB potentiel de + 2,2 points ; tripler le nombre de techniciens/ingénieurs doublerait la productivité industrielle.

5. Contraintes majeures qui limitent les rendements de l'éducation au Mali

D'après la (BM, 2024) :

- Inadéquation formation–emploi (BM, 2024).
- Système universitaire faible en recherche
- Attractivité limitée de l'ETFP
- Faible qualité des infrastructures scolaires
- Pénurie d'enseignants qualifiés
- Déficit de financement
- Éloignement géographique et accessibilité (notamment dans le Nord et le Centre)

Les rendements de l'éducation au Mali sont potentiellement élevés, tant au niveau individuel (emploi, salaires, productivité) qu'au niveau collectif (innovation, croissance, cohésion sociale). Cependant, ces rendements restent bridés par des contraintes structurelles profondes : gouvernance institutionnelle, inadéquation formation-emploi, faible financement, infrastructures scolaires insuffisantes.

SECTION 2 : GOUVERNANCE ET EFFICACITÉ DU SYSTÈME ÉDUCATIF

La gouvernance du système éducatif constitue aujourd'hui l'un des déterminants les plus décisifs de la qualité de l'enseignement, de l'efficacité institutionnelle et de la capacité des États à transformer leur capital humain en moteur de croissance économique. L'Afrique subsaharienne, et en particulier le Mali, se trouvent confrontés à une équation complexe : une démographie en expansion rapide, des attentes sociales élevées, une crise de qualité de l'éducation, et un appareil institutionnel fragilisé par des enjeux structurels, budgétaires et sécuritaires. Dans cette section, nous analysons trois dimensions clés :

- La performance scolaire,
- Les défis régionaux,
- La gestion du budget de l'éducation.

En nous appuyant sur les sources institutionnelles (UNESCO, Banque mondiale, UNICEF, PASEC, UEMOA, FMI, OCDE, rapports nationaux maliens).

1. Performance scolaire

1.1. Une crise persistante de l'apprentissage : état des lieux

Le Mali se situe parmi les pays confrontés aux défis les plus lourds en matière de performance scolaire. Selon le PASEC, 60 % des élèves de 2e année ne maîtrisent pas les compétences minimales en lecture, 69 % n'atteignent pas le seuil requis en mathématiques, et en 6e année, seuls 29 % atteignent un niveau suffisant en compréhension écrite (PASEC, 2019).

Ces résultats placent le Mali parmi les trois derniers pays de l'UEMOA en termes de qualité éducative. L'UNESCO (GEM, 2023) (confirme que le pays reste en situation d'apprentissage extrêmement faible, avec un écart de près de 2 années d'apprentissage « perdues » par rapport au nombre d'années passées à l'école (BM, 2022).

1.2. Les causes structurelles :

Les analyses institutionnelles (UNESCO, 2015–2023.) (Banque mondiale, 2020)convergent sur cinq facteurs déterminants :

- Absence de manuels scolaires : le ratio manuel/élève est inférieur à 0,3 dans certaines régions.
- Faible qualification des enseignants : 41 % des enseignants du fondamental ne disposent pas du niveau requis (MEN-SG, 2023).
- Absentéisme et perturbations cycliques liés aux grèves, à l'insécurité et au déficit de suivi administratif.
- Insuffisance de l'encadrement pédagogique et des inspecteurs scolaires.
- Surpopulation des classes : jusqu'à 90 élèves par classe dans certains cercles de Bamako.

Cette conjonction de défaillances entretient un cercle vicieux : faible apprentissage, décrochage, sous-performance au secondaire et inadéquation avec le marché du travail.

1.3. Indicateurs d'efficacité institutionnelle

La gouvernance éducative repose sur la capacité du système à transformer des ressources (budget, personnel, infrastructures) en résultats mesurables (taux de réussite, apprentissage, insertion). Selon le (MEN (2023). RASE :, 2023):

- Le taux d'achèvement du primaire est passé de 52 % (2016) à 45 % (2022), soit une baisse de 7 points.
- Le taux de transition vers le secondaire reste inférieur à 40 %.
- Les taux d'abandon atteignent 17 % au primaire et plus de 22 % au premier cycle du secondaire.

Ces indicateurs témoignent d'un système fragilisé, particulièrement dans les zones rurales et au centre/nord, où plus de 2 300 écoles sont fermées ou non fonctionnelles (UNICEF, 2023) .

L'insécurité éducative entraîne le déplacement d'élèves et d'enseignants, la fermeture d'écoles, la chute brutale des indicateurs d'accès et de rétention, et l'effondrement de la continuité pédagogique.

Le Mali est aujourd'hui l'un des pays africains les plus touchés par l'effondrement éducatif dû à (UNICEF, 2023) (OCHA , 2024) l'insécurité.

1.4. Enseignants : pilier ou talon d'Achille ?

Le corps enseignant représente plus de 60 % du budget de l'éducation. Pourtant, les résultats restent médiocres. Les causes sont profondes (BM, 2022) :

- Recrutement massifié mais non qualifié depuis 2000.
- Formation initiale faible : moins de 6 mois en moyenne dans certaines régions (OCDE, 2020)
- Absence d'un système d'évaluation professionnelle.
- Grèves fréquentes et climat social conflictuel.
- Faible attractivité de la profession : salaires très bas par rapport au coût de la vie.

L'étude (BM, 2022) sur la performance des enseignants dans le Sahel souligne que *« l'enseignant malien moyen ne maîtrise pas 50 % des compétences du programme qu'il enseigne. »* La conséquence directe est que la transmission est insuffisante, l'apprentissage s'effondre.

2. Défis régionaux

2.1. Inégalités régionales extrêmes

Le système éducatif malien est l'un des plus territorialisés d'Afrique de l'Ouest.

2.2. Écarts d'accès à l'éducation :

Selon (MEN-SG, 2023)

- Bamako : scolarisation > 120 % (effet des redoublants et écoles privées)
- Sikasso / Koulikoro : 78–85 %
- Mopti : 42 %
- Gao : 38 %
- Kidal : < 20 %

Les défis régionaux sont amplifiés par trois facteurs :

- L'insécurité structurelle,

- L'insuffisance des infrastructures,
- La pauvreté multidimensionnelle.

2.3. La fermeture des écoles

L' (UNICEF, 2023) recense 1 800 écoles fermées en 2020, 2 300 écoles fermées en 2023 et plus de 700 000 enfants sans accès à l'école. Cette rupture de continuité pédagogique entraîne une génération entière d'enfants sans compétences de base, aggravant le chômage futur et la fragilisation institutionnelle.

2.4. Infrastructures scolaires : un déficit massif

Selon le Programme d'Investissement Sectoriel de l'Éducation (MEN, 2022):
- Déficit de 12 000 salles de classe,
- Absence de bibliothèques dans 85 % des établissements,
- Manque de laboratoires dans 92 % des lycées publics,
- Quasi-absence d'équipements numériques.

L'absence d'infrastructures adaptées réduit l'attractivité des écoles et aggrave les inégalités territoriales.

Défis socioculturels

L'éducation des filles demeure un défi majeur (BM, 2022) :
- Mariage précoce encore élevé.
- 1 fille sur 2 au primaire n'atteint pas le premier cycle du secondaire.
- Résistances culturelles fortes dans le centre et le nord.

Ces réalités montrent que la gouvernance éducative ne peut être efficace si elle ne s'attaque pas simultanément aux normes sociales.

3. Gestion du budget de l'éducation

3.1. Volume du financement

Le Mali consacre en moyenne 17 % du budget national à l'éducation (MEN, 2021/2022/2023), en dessous de la recommandation UNESCO (20 %). Comparativement :
- Sénégal : 23 %
- Côte d'Ivoire : 27 %
- Ghana : 21 %

Le pays se situe dans la fourchette « intermédiaire basse ».

3.2. Poids du budget éducatif dans le PIB

Environ 3,6 % du PIB, loin de la recommandation de 5 à 6 % (GEM, 2022).

3.3. Structure du budget

Selon le (MEF, 2023) **:**

- 60–65 % : salaires (principal poste de dépenses).
- 15–18 % : investissement en infrastructures.
- 10–12 % : fonctionnement courant.
- 5–8 % : formation, innovation, équipements.
- < 2 % : digitalisation et ressources pédagogiques.

Cette structure révèle un système « lourd » et peu tourné vers l'apprentissage.

3.4. Inefficacités et pertes

Trois études majeures révèlent (BM, 2022) (MEN, 2021/2022/2023) (FMI, 2020):

- Entre 9 % et 14 % du budget éducatif est perdu en inefficacités administratives.
- Redondances institutionnelles : 22 structures rattachées au MEN sans coordination.
- Absence d'évaluation d'impact des dépenses publiques.
- Forte dépendance aux bailleurs pour l'investissement (jusqu'à 55 %).

Les problèmes de gouvernance budgétaire alimentent l'inefficacité du système éducatif dans son ensemble.

4. Limites de la gouvernance actuelle

4.1. Fragmentation institutionnelle et absence de pilotage stratégique

Le système éducatif malien souffre d'une architecture institutionnelle complexe et fragmentée. On dénombre (GM, 2022) :

- 1 ministère central (MEN) ;
- 3 secrétariats généraux spécialisés ;
- Plus de 22 directions nationales ;

- Des inspections académiques (IA) dans chaque région ;
- Des CAP (Centres d'Animation Pédagogique) sur l'ensemble du territoire ;
- Des agences rattachées (ANEP, APEJ, ANPE, ONEF).

Cette configuration, au lieu de favoriser la coordination, provoque :
- Une superposition des compétences ;
- Des conflits administratifs internes ;
- Une dilution des responsabilités ;
- Une lenteur dans la prise de décision ;
- Un déficit de redevabilité (accountability).

L'UNESCO qualifie ce phénomène de « gouvernance en silos », incompatible avec l'efficacité éducative (UNESCO, 2023).

4.2. Absence de vision à long terme

Les politiques éducatives successives souffrent d un défaut commun : elles ne sont pas alignées sur une vision stratégique de 20 à 30 ans, mais limitées aux cycles politiques de 5 ans. Les résultats découlent sur :
- Les réformes inachevées,
- Incohérences pédagogiques,
- Programmes instables,
- Absence de continuité institutionnelle.

4.3. Gouvernance locale faible

Les collectivités territoriales jouent théoriquement un rôle central dans la gestion de l'éducation (décentralisation). En pratique, elles sont confrontées à des capacités financières limitées, la faible mobilisation des ressources locales, le manque d'ingénierie éducative et l'insuffisance d'agents qualifiés pour planifier et suivre les projets. (PME, (2022).) Selon le (PEF, 2022-2026) , 78 % des collectivités n'ont pas de plan éducatif local, et seules 12 % réalisent des audits de performance. Cela entraîne une gestion inégale et non harmonisée du système selon les régions.

4.4. Le défi de la redevabilité

Les systèmes performants (Finlande, Estonie, Singapour, Corée du Sud) partagent le trait commun du dispositif rigoureux d'évaluation des enseignants, des écoles et des apprentissages. Au Mali :

- Il n'existe aucune évaluation systématique des enseignants.
- Les chefs d'établissement ne disposent pas de véritables marges de décision.
- Les CAP manquent de personnel qualifié et de moyens logistiques.
- L'Inspection générale peine à jouer son rôle d'audit pédagogique.

Ces défis engendrent l'absence de culture de performance dans tout le système.

4. Le poids des grèves et du climat social

Selon le Rapport statistique du (MEN (2023). RASE :, 2023), le Mali a perdu entre 20 % et 40 % des heures d'enseignement annuelles entre 2017 et 2022. Les causes :

- Négociations salariales conflictuelles,
- Contrat État–syndicats non respecté,
- Difficultés de paiement,
- Malaise professionnel général.

La (BM, 2022) qualifie cette situation de « choc structurel récurrent » pour le système éducatif.

5. Analyse professionnelle des facteurs d'efficacité (approche économique)

5.1. Efficacité allocative (allocation optimale du budget)

L'efficacité d'un système éducatif repose sur l'utilisation optimale des ressources. Les analyses (BM, 2022) ; (FMI, 2020) montrent que :

- Les dépenses ne sont pas corrélées aux résultats scolaires ;
- Le Mali consacre beaucoup aux salaires, peu à l'apprentissage ;

- L'investissement par élève est parmi les plus faibles de la sous-région.

La relation « dépenses, résultats » demeure faible, signe d'un manque d'efficacité allocative.

5.2. Efficacité technique (capacité à produire des résultats)

Un système est efficace techniquement lorsqu'il transforme les intrants en résultats. Les constats clés :

- Faible productivité pédagogique (peu d'heures enseignées, compétences faibles).
- Absence de formation continue.
- Rupture entre programmes officiels et pratiques de classe.
- Manque d'outils numériques.
- Très faible disponibilité des manuels.

Le constat est que le rendement scolaire diminue malgré les dépenses.

5.3. Efficacité productive (relation coût/résultat)

Le Mali dépense beaucoup pour un rendement faible en termes de réussite scolaire, d'insertion professionnelle, et de productivité du capital humain. (BM, 2022) estime qu'une année scolaire malienne produit :

- 0,47 année d'apprentissage réel, contre
- 0,88 au Sénégal,
- 0,96 en Côte d'Ivoire.

Cela signifie que le système éducatif malien convertit mal ses investissements en bénéfices sociaux et économiques.

6. Les acteurs du système : responsabilités, limites et contraintes

6.1. L'État

Forces :

- Volonté réaffirmée dans les documents stratégiques ((PRODEC II, 2022), (PISE III, 2023)) ;
- Augmentation progressive du budget.

Limites :
- Manque de continuité politique ;
- Faible renforcement des réformes ;
- Réponses tardives aux crises scolaires.

6.2. Les enseignants

Atouts :
- Corps professionnel important ;
- Rôle central dans la qualité éducative.

Limites :
- Faibles compétences pédagogiques ;
- Manque de motivation ;
- Pression syndicale parfois excessive ;
- Absence d'évaluation.

6.3. Les partenaires techniques et financiers

Ils apportent plus de 55 % des investissements éducatifs et contribue en termes d'expertise technique (UNESCO, Banque mondiale, UNICEF, AFD). Les limites sont :
- Interventions fragmentées ;
- Projets non pérennes ;
- Faible appropriation nationale.

6.4. Les parents et communautés

Forte mobilisation dans certaines zones à travers les associations de parents. Des contraintes comme la pauvreté, le manque d'alphabétisation et la faible implication dans les régions rurales freinent les initiatives.

7. Digitalisation et modernisation du pilotage

7.1. Le Mali accuse un retard critique

Selon (UIT, 2022) seulement 21 % des écoles publiques disposent d'accès Internet, seules 8 % disposent d'un équipement numérique pédagogique. Le pays accuse un écart de plus de 20 ans avec les standards OCDE.

7.2. Outils numériques nécessaires

Pour une gouvernance moderne, il faut introduire (UNESCO, 2022) (BM, 2023-2024) :

- Systèmes d'information éducatifs (EMIS modernisés).
- Tableaux de bord régionaux automatisés.
- Suivi en temps réel des absences, performances, effectifs.
- Salles numériques régionales.
- Ressources pédagogiques en ligne.

Ces outils existent déjà dans plusieurs pays africains (Rwanda, Ghana, Maroc).

7.3. Réformes prioritaires de gouvernance numérique

D'après (MNTI, 2022) (BM, 2021) :

- Numérisation des inspections (interventions basées sur des données).
- Cartographie numérique des écoles (pour décider des investissements).
- Plateformes de formation continue en ligne.
- Gestion numérique des carrières et affectations.
- Système de paiement digitalisé et transparent pour les enseignants.

Il convient de noter que :

- L'efficacité du système éducatif malien est gravement compromise par des faiblesses structurelles de gouvernance.
- Les performances scolaires restent très faibles, même par rapport aux standards régionaux.
- Les défis régionaux aggravent les inégalités éducatives.
- La gestion budgétaire est insuffisante et inefficiente.
- Les acteurs (État, enseignants, communautés, partenaires) sont souvent mal coordonnés.
- La digitalisation représente une opportunité stratégique majeure pour transformer le système

SECTION 3 : RÉFORMES PRIORITAIRES DE L'ÉCONOMIE DE L'ÉDUCATION AU MALI

1. Des réformes profondes : une nécessité économique et sociétale

Le Mali est confronté à un paradoxe structurel (BM, 2023-2024) (API-Mali, 2023) (INSTAT, 2024) :

- 200 000 nouveaux diplômés arrivent chaque année sur le marché du travail,
- Le secteur formel n'offre que 30 000 postes environ, et encore avec des exigences de compétences souvent non satisfaites.
- Plus de 70 % des entreprises ((ENET, 2022), (API-Mali, 2022)) déclarent que les diplômés ne possèdent pas les compétences techniques requises.
- Le chômage et le sous-emploi frappent plus de 30 % des jeunes, malgré un « surdiplôme théorique » mais un sous-savoir pratique.

Ce désalignement entre le système éducatif et les besoins économiques constitue la première cause structurelle du chômage des jeunes. L'économie de l'éducation devient donc un choix stratégique pour sortir du piège de la stagnation.

2. Alignement Compétences – Besoins Industriels

2.1. Comprendre le déficit de compétences

Les études conjointes (ILO, 2022) (BM, 2022) (BM, 2023-2024) identifient quatre déficits majeurs :

- Compétences techniques (automatisme, agro-transformation, maintenance, numérique, soudure, construction moderne).
- Compétences professionnelles (rigueur, résolution de problèmes, communication).
- Compétences numériques (informatique, outils digitaux, gestion de données).
- Compétences sectorielles spécifiques (agro-industrie, énergie renouvelable, logistique, BTP).

Le Mali forme encore majoritairement aux sciences sociales, alors que le tissu productif a besoin de :
- Techniciens,
- Ingénieurs,
- Opérateurs industriels,
- Spécialistes numériques,
- Agents de maintenance,
- Cadres intermédiaires du secteur productif.

Cette inadéquation entraîne ce que (OCDE, 2020) appelle « mismatch structurel », responsable de 25 à 40 % du chômage des jeunes.

2.2. Outils de correction : le modèle « Compétences – Marché »

Les réformes prioritaires passent par :

2.2.1. Les conseils sectoriels de compétences

Inspirés du Canada, du Maroc et du Ghana (BM, 2021). Chaque filière industrielle définit :
- Les métiers d'avenir,
- Les compétences nécessaires,
- Les parcours de formation adaptés.

2.2.2. Les « référentiels emploi–formation » (REF)

Documents standards définissant :
- Les compétences à maîtriser,
- Les outils pédagogiques,
- Les heures de pratique,
- Les critères d'évaluation.

Le Mali en possède très peu, et souvent obsolètes.

2.2.3. L'apprentissage dual

La (FAO, 2023) et la (BM, 2022)

Modèle allemand et béninois :
- 50 % école,

- 50 % entreprise,
- Contrat tripartite (État – école – entreprise).

Ce modèle réduit le chômage des jeunes de moitié.

2.3. Secteurs prioritaires identifiés pour l'alignement

2.3.1. Agro-industrie

Filière mangue, karité, bétail-viande, riz, transformation céréalière. Besoin en techniciens agroalimentaires, chaîne du froid, contrôle qualité.

2.3.2. Énergie et solaire

Besoin en installateurs solaires, maintenance photovoltaïque, électriciens industriels.

2.3.3. BTP, matériaux et infrastructure

Besoin en topographes, géomètres, béton armé, machines lourdes.

2.3.4. Industrie manufacturière

Besoin en maintenance industrielle, mécanique, robotique légère.

2.3.5. Numérique et télécommunications

Besoin en : coding, réseaux, cybersécurité, data, cloud. (MEF & PNUD, 2024). Ces secteurs absorbent plus de 70 % des emplois potentiels créés d'ici 2035.

3. Centres techniques, écoles professionnelles et formation TVET

3.1. Urgence de transformer le modèle académique

Le Mali consacre plus de 80 % de ses lycéens aux filières (MEN & DNESG, 2023) :
- Littérature,
- Sciences humaines,
- Droit.

Pendant ce temps :

- L'industrie manque de techniciens,
- L'agro-industrie importe des compétences,
- Les entreprises recrutent hors du pays,
- L'économie informelle capte les jeunes sans qualification.

TVET (Technical and Vocational Education and Training) devient donc une priorité nationale (ADEA, 2022).

3.2. Transformations nécessaires

3.2.1. Création de centres techniques régionaux

1 centre par région, spécialisé selon l'économie locale

- Mopti : agro-transformation et pêche
- Kayes : mines et maintenance
- Sikasso : agriculture moderne et logistique
- Ségou : agro-industrie et machinisme
- Gao/Tombouctou : énergies renouvelables
- Bamako : industrie, numérique, fabrication

3.2.2. Modernisation des écoles professionnelles

Sur le modèle (ADEA, 2022) :

- Rwanda Polytechnic
- Lycées techniques marocains
- Reformes TVET ghanéennes
- Centres sud-africains SETA

3.2.3. Partenariats public–privé

Ici, il est question de mobiliser les entreprises (équipements, stages), l'État (normes, subventions, formateurs), les Bailleurs (technologies modernes).

3.2.4. Certificat professionnel national (CPN)

Normes unifiées, évaluations pratiques, certification reconnue.

3.3. Réorientation stratégique :

Pays performants (Corée du Sud, Chine, Maroc) orientent 40 à 70 % des élèves vers la TVET. Le Mali n'en oriente que 8 %. 40 % des élèves vers les filières techniques (MEN & MEFPT , (2022).)

L'objectif réaliste 2030 :

- Passer à 25 %,
- Puis 35 % en 2040.

4. Digitalisation éducative : accélérateur systémique

4.1. Le numérique

La digitalisation transforme la pédagogie, la gestion administrative, l'accès au savoir, la formation des enseignants, et l'équité éducative. Elle permet de dépasser les contraintes structurelles du Mali :

- Distances géographiques,
- Manque d'enseignants,
- Faiblesse des bibliothèques,
- Inégalités régionales.

4.2. Politiques prioritaires

4.2.1. Plateformes nationales d'apprentissage

Modèle : Maroc (TelmidTICE), Tunisie (ELA, 2023), Ghana (e-classroom).

Fonctions :

- Cours vidéo,
- Manuels numériques,
- Exercices interactifs,
- Examens pratiques.

4.2.2. Formation numérique des enseignants

Certification nationale :

- Compétences pédagogiques numériques,
- Usage des plateformes,
- Outils d'enseignement hybride.

4.2.3. Classes numériques

- Tableau interactif,
- Connexion haut débit,
- Kit solaire (dans zones rurales).

4.2.4. Écoles virtuelles régionales

Des pôles régionaux donnant accès à :
- Bibliothèque numérique,
- Laboratoire virtuel,
- Cours STEM en ligne.

4.3. Infrastructures numériques éducatives

Pour être efficace, le numérique doit être structuré autour :
- D'un réseau éducatif national sécurisé,
- D'un cloud souverain,
- D'un identifiant national élève,
- D'un EMIS intelligent (Education Management Information System),
- D'un observatoire national des performances éducatives.

Les réformes prioritaires identifiées reposent sur quatre piliers :
- Aligner la formation sur les besoins économiques réels.
- Développer massivement les écoles professionnelles et centres techniques.
- Faire du numérique le cœur de la modernisation éducative.
- Assurer une gouvernance éducative fondée sur la performance, la transparence et les données.

SECTION 4 : ÉCONOMIE DES INFRASTRUCTURES ÉDUCATIVES :

1. Une politique d'infrastructures éducatives

L'éducation joue, pour la société et la croissance, le rôle que joue le transport pour la mobilité économique. Sans infrastructures éducatives :
- Pas de capital humain,
- Pas de productivité,

- Pas d'innovation,
- Pas de compétitivité,
- Pas de croissance.

La (BM, 2024) affirme que « l'infrastructure éducative est le premier déterminant de la qualité de l'apprentissage. » Comme dans le secteur du transport :

- L'infrastructure est une condition de possibilité,
- Elle détermine l'équilibre social et économique,
- Elle conditionne les performances futures.

2. Enjeux macroéconomiques : l'éducation comme infrastructure productive

À l'instar de (Barro R. J., 1990) sur les infrastructures publiques, investir dans l'éducation augmente la productivité marginale du capital privé. Autrement dit, chaque CFA investi dans l'éducation augmente le rendement des investissements privés, le capital humain agit comme infrastructure « intangible », essentielle à la croissance. Les travaux de (Hanushek & Woessmann, 2020) démontrent que +1 écart-type de compétence moyenne implique +2 % de croissance annuelle sur 30 ans. L'éducation n'est donc pas une dépense, c'est un investissement à rendement social élevé.

3. La crise des infrastructures éducatives : un handicap structurel

Exactement comme la « crise du rail » bloque l'économie, la crise scolaire bloque la productivité nationale.

3.1. Infrastructures insuffisantes

- Salles de classes saturées (60 à 120 élèves).
- Écoles vétustes, parfois en banco.
- Absence d'eau, de latrines, d'électricité.

3.2. Infrastructures inadaptées

- Universités sans laboratoires,
- Écoles techniques sans ateliers,
- Lycées sans équipements scientifiques.

3.3. Infrastructures inéquitables

De l'approche de (Hanushek & Woessmann, 2020) :
- Les régions du Nord et du Centre manquent cruellement d'établissements.
- En 2023, plus de 1 700 écoles étaient fermées pour raisons sécuritaires (MINUSMA, 2023).

Cette crise coûte :
- Productivité nationale perdue,
- Sous-qualification massive,
- Chômage structurel,
- Migration irrégulière,
- Perte de croissance potentielle.

4. Vers une nouvelle conception des « services publics éducatifs »

4.1. Tarification optimale :

Il faut rompre avec :
- Les contributions scolaires anarchiques,
- Les frais non régulés,
- Les distorsions entre privé et public.

La scolarité doit être :
- Juste,
- Équitable,
- Proportionnelle au revenu,
- Orientée vers la qualité.

4.2. Réforme structurelle interne

- Autonomie accrue des établissements,
- Directeurs recrutés par appel public,
- Budgets fondés sur la performance,
- Transparence et reddition des comptes.

4.3. Rémunération fondée sur la performance

Inspiré de la théorie néoclassique de la productivité marginale :
- Partie fixe (statutaire),

- Partie variable liée à la performance pédagogique,
- Formation continue obligatoire.

5. Mettre l'infrastructure éducative au cœur de la transformation

5.1. Programme national de reconstruction éducative (PNRE)

- 5 000 salles de classe rénovées / an
- 3 000 nouvelles écoles dans 10 ans
- 12 universités régionales
- 10 centres techniques industriels
- 8 cités universitaires modernes
- Bibliothèques centralisées régionales
- Connexion Internet pour 100 % des écoles

5.2. Gestion publique intégrée

Cela nécessite :
- Un opérateur public fort,
- Un financement pérenne,
- Des standards nationaux unifiés,
- Une régulation transparente.

5.3. Culture économique et gouvernance éducative

Il faut former les décideurs à l'économie de l'éducation :
- Analyse coûts-bénéfices,
- Rendement de l'éducation,
- Planification stratégique,
- Financement durable,
- Gouvernance moderne des systèmes scolaires.

C'est la seule voie pour sortir du cycle des réformes avortées.

6. Perspectives dynamiques : l'école comme moteur de la cohésion nationale

L'éducation est :
- Un outil de redistribution,
- Un stabilisateur social,

- Un instrument de paix durable,
- Un amortisseur contre l'extrémisme,
- Un moteur d'innovation productive.

Le Mali ne se développera pas que par le sous-sol, mais aussi le sursaut éducatif.

Les piliers d'une architecture complète de transformation éducative sont :

- Alignement systématique entre formation et économie.
- Montée en puissance des écoles techniques et professionnelles.
- Digitalisation massive du pilotage et de la pédagogie.
- Refondation des infrastructures éducatives selon un modèle économique comparable à celui des infrastructures de transport.
- Professionnalisation de la gouvernance éducative.
- Approche intégrée, productive et territorialisée du capital humain.

Le tout soutenu par des références institutionnelles, académiques et économiques développées dans l'ouvrage.

CONCLUSION

L'ensemble des analyses sectorielles confirme une réalité que l'économie malienne est prisonnière d'un piège structurel, marqué par une faible productivité, une dépendance extérieure chronique et une vulnérabilité extrême aux chocs climatiques, sécuritaires et macroéconomiques. Les études de la (BM, 2023), (FMI, 2024) et de la (BAD, 2023) situent le Mali parmi les économies où la transformation structurelle avance lentement, en raison de quatre handicaps majeurs :

- Une base productive fragile, dominée par l agriculture extensive, un secteur manufacturier marginal, et une dépendance excessive à l'or, ressource volatile et non inclusive.
- Un déficit énergétique persistant, qui limite l'expansion industrielle, renchérit les coûts de production et affaiblit la compétitivité.
- Un système financier sous-développé, incapable d irriguer les PMEs, les agro-industries, ou les chaînes de valeur rurales.
- Un capital humain insuffisamment qualifié, prisonnier d'un système éducatif sous-performant ((PASEC, 2019); (UNESCO, 2021)).

Les chapitres démontrent que le développement de secteurs stratégiques (mines, énergie, industrie, finance, éducation, informel) ne peut réussir que si les transitions se font simultanément, dans une logique de complémentarité intersectorielle, comme dans la logique de la théorie des « growth diagnostics » (Rodrik, D, 2004). Les différentes analyses sectorielles attestent que le principal moteur de la transformation structurelle n'est pas un secteur isolé, mais la capacité du pays à :

- Réduire les goulets d'étranglement (énergie, infrastructures, financement, compétences) ;
- Moderniser ses institutions ;
- Renforcer les capacités humaines ;
- Bâtir des écosystèmes productifs complets.

Ainsi, les neuf chapitres dessinent une économie qui ne manque pas de potentiel, mais souffre d'un système de production fragmenté, de chaînes de valeur incomplètes, d'une faible industrialisation, d'une déconnexion entre éducation et économie, et de défaillances de gouvernance.

Les analyses sectorielles convergent sur des leviers déterminants pour transformer l'économie malienne. L'énergie comme fondation de la productivité et les travaux du (FMI, 2024) et de (IRENA, 2023) soutiennent :

- Le coût du kWh au Mali dépasse 0,22–0,28 USD/kWh,
- Les pertes techniques excèdent 20 %,
- La demande croît de 10 % par an.

Sans transition énergétique massive, le Mali restera dans une économie de faible productivité. Le pays possède pourtant des atouts majeurs :

- Un potentiel solaire de 6 kWh/m²/jour ;
- Des possibilités d'hybridation thermique-solaire ;
- Un secteur des mini-réseaux en expansion (BM, 2022).

Aussi, c'est un pays faiblement industrialisé. L'industrie manufacturière représente 5–6 % du PIB (UNIDO, 2022). Les chaînes de valeur agro-industrielles (riz, karité, bétail-viande, coton-textile) offrent pourtant les meilleures opportunités d'emploi et de valeur ajoutée. Les leviers prioritaires :

- Développement de zones industrielles fonctionnelles ;
- Politiques de substitution compétitive aux importations ;
- Industrialisation orientée « marché régional CEDEAO/UEMOA » ;
- Développement de clusters industriels (textile, cuir, agroalimentaire).

La transformation productive exige des instruments de financement adaptés aux PMEs, des fonds de garantie sectoriels, une meilleure régulation assurantielle et bancaire et l'essor de la fintech pour fluidifier les paiements. Dans cette dynamique, le capital humain est un moteur central de la croissance. Les résultats convergent avec la théorie du capital humain de (Becker G. S., 1964), (Lucas R. E., 1988) et (Hanushek & Woessmann, 2020), aucune transformation structurelle n'est possible sans système éducatif performant. Le levier principal est donc la réforme profonde du système éducatif, avec des centres techniques et professionnels, des partenariats entreprise–université et la digitalisation des apprentissages.

Cette transformation structurelle doit émerger sur les conditions de la souveraineté économique. A ce niveau, les analyses démontrent que la souveraineté ne s'obtient pas par proclamation politique, mais par la maîtrise de quatre conditions structurelles.

1. Souveraineté énergétique

Sans maîtrise des sources de production, le pays reste vulnérable aux fluctuations pétrolières et à la dépendance extérieure. La souveraineté implique :

- Production locale d'électricité ;
- Intégration régionale optimisée (OMVS/OMVG) ;
- Indépendance vis-à-vis des importations de combustibles.

2. Souveraineté agroalimentaire

Elle implique irrigation, mécanisation, stockage, transformation locale. La (FAO, 2023) rappelle que les pays dépendants des importations céréalières sont les plus exposés aux chocs externes.

3. Souveraineté industrielle

Elle repose sur la transformation locale des matières premières, la montée en gamme productive, et la capacité à produire les biens essentiels (matériaux, textile, médicaments, intrants agricoles).

4. Souveraineté institutionnelle

Elle requiert la stabilité des règles, lutte contre la capture de l'État, la transparence et les institutions efficaces. Le lien entre performance institutionnelle et croissance est largement démontré (Acemoglu & Robinson, 2012) ; (North, 1990) ; (Rodrik D. , 2007).

Scénarios prospectifs 2035

De ces analyses, trois trajectoires prospectives émergent des neuf chapitres :

A. Scénario 1 : Inertie et fragmentation

- Faible industrialisation ;
- Montée de l'informel ;
- Dépendance énergétique persistante ;
- Pression sociale accrue ;
- Croissance autour de 2,5–4.5 %.

C'est le scénario du « business as usual ».

B. Scénario 2 : Transformation partielle

- Avancées agricoles ;
- Quelques zones industrielles fonctionnelles ;
- Transition énergétique lente ;
- Système éducatif partiellement modernisé.

On pourrait espérer sur une croissance réelle autour de 5-7 % mais inégalités persistantes.

C. Scénario 3 : Transformation complète et intégrée (scénario optimal)

Ce scénario repose sur :

- Électrification renouvelable massive ;
- Industrialisation agroalimentaire ;
- Modernisation éducative ;
- Financement inclusif ;
- Formalisation progressive de l'informel.

Dans ce cas, la croissance peut atteindre 7–10 % durablement, avec :

- Baisse du chômage,
- Réduction des importations structurelles,
- Meilleure cohésion sociale,
- Montée en productivité.

5. Agenda de recherche et d'action

Les analyses appellent à un agenda opérationnel articulé autour de cinq axes majeurs.

Axe1 : Recherches prioritaires :

- Modélisation macro-sectorielle de la transformation structurelle.
- Estimation microéconomique de la productivité dans les chaînes de valeur.
- Évaluations de l'impact des réformes éducatives.
- Analyse économique des politiques énergétiques (coûts, mix optimal).
- Études approfondies sur l'informalité et les transitions vers le formel.

Axe 2 : Actions économiques urgentes :

- Investir massivement dans l'énergie solaire et les interconnexions régionales.
- Développer des zones industrielles intégrées avec services logistiques.
- Moderniser la formation professionnelle et technique.
- Réformer le système financier pour financer les PMEs.
- Déployer une stratégie d'inclusion numérique éducative.

Axe 3 : Gouvernance et institutions

- Renforcer les capacités administratives ;
- Instaurer des mécanismes de transparence ;
- Sécuriser les investissements ;
- Professionnaliser les administrations techniques.

Axe 4 : Politiques territoriales

- Structurer les pôles agro-industriels régionaux ;
- Connecter les zones rurales par des infrastructures résilientes ;
- Développer les corridors commerciaux (Sénégal, Côte d'Ivoire, Mauritanie, Guinée).

Axe 5 : Partenariats et coopération

- Mobiliser le secteur privé national et régional ;
- Renforcer les alliances UEMOA–CEDEAO–UA ;
- Favoriser des investissements productifs plutôt que des importations de consommation.

La transformation économique du Mali n'est ni un mythe ni une abstraction, c'est un projet exigeant, faisable et scientifiquement démontrable. Les analyses des neuf chapitres convergent toutes vers une évidence : le Mali peut changer de trajectoire s'il articule énergie, industrie, agriculture, finance, éducation et institutions dans une stratégie cohérente, guidée par la science, les données et l'intérêt général. L'avenir n'est pas un destin figé. Il est une construction collective, fondée sur la compétence, la rigueur, la vision et le courage politique.

BIBLIOGRAPHIE

HVI 2020 . (s.d.). *Procédure de certification des performances des produits HVI, y compris la vérification et la mise en question, .*

PNUD. (2023). *ITC - Rapport 2023 sur la compétitivité des PME ; PNUD Mali - Rapport Annuel .*

UNCTAD. (2024). *UN Trade and Development:based on data from International Monetary Fund , 2024.*

(2024). *État des mini-réseaux au Mali : statistiques et perspectives 2024–2030.*

Acemoglu, D., & Robinson, J. A. (2012). *Why nations fail: The origins of power, prosperity, and poverty. Crown Business.*

ADEA. (2022). *L'enseignement et la formation techniques et professionnels (EFTP) en Afrique : Études de cas sur les modèles de réussite (Rwanda, Maroc, Ghana, Afrique du Sud). Association pour le développement de l'éducation en Afrique,.* Abidjan.

AFD. (2021). *Étude de l'AFD (Agence Française de Développement) sur les transports artisanaux à Bamako.*

African Union / UNDP. (2025). La Zone de libre-échange continentale africaine (ZLECAf) – intégration régionale et perspectives.

AFRISTAT. (2019). *Statistical Yearbook : Economic and Social Indicators for West African Countries.*

Afrobarometer. (2022). *Dispatch No. 514 (Mali), publié le 25 mai 2022.*

Agenda. (2026). L'Afrique que nous voulons . https://au.int/fr/agenda2063.

AIE. (2023). *World Energy Outlook .*

Allais. (s.d.). *Extension néoclassique avec optimalité intergénérationnelle ; taux d'épargne endogène maximiser la croissance stable.* 1988.

AMAP. (2021). *Production cotonnière et défis de la transformation locale au Mali.*

Amin, S. (2010). *Development and structural transformation.*

API-Mali. (2022). *Rapport d'analyse du secteur agricole malien.*

API-Mali. (2023). *Étude prospective sur les besoins en compétences dans les secteurs productifs.*

API-Mali. (2024). *Filières agro-industrielles, minières, BTP et énergie.*

API-Mali. (2025). *Étude sur les opportunités d'investissement dans la filière viande et élevage au Mali.*

API-Mali. (2025). *Opportunités d'investissement dans la filière laitière.*

ARSO. (2024). *Standards and Harmonization for Intra-African Trade.*

AVSF. (2023). *La filière lait local en Afrique de l'Ouest : rôle des mini-laiteries artisanales.*

Ayantunde, A. A. (2024). Livestock feeding systems, climate variability, and adaptive strategies in the Sahel. . *Pastoralism: Research, Policy and Practice, 14(1),* ., 1–18.

BAD. (2020). *Politique et procédures relatives aux opérations de la Banque.* . Abidjan.

BAD. (2021). *African Economic Outlook.*

BAD. (2022). *Agro-industrie, énergie, mines, infrastructures de transport.*

BAD. (2022). *Rapport sur l'intégration régionale en Afrique de l'Ouest.*

BAD. (2023). *Rapport annuel : Mobiliser les financements du secteur privé pour le climat et la croissance verte en Afrique.*

BAD. (2023). *Rapport Perspectives économiques en Afrique .*

BAD. (2023). *Rapport Perspectives économiques en Afrique.*

BAD. (2023-2024.). *Document de stratégie pays Mali.*

BAD. (2024). *analyses sur les corridors régionaux d'Afrique de l'Ouest.*

BAD. (2024). *contraintes structurelles de l'économie malienne.*

BAD. (2024). *Mali Country Focus Report : appui aux chaînes de valeur agricoles et à la transformation agro-industrielle dans le cadre de la stratégie pays.*

BADEA. (2022). *financement d'infrastructures agricoles.*

Banque mondiale. (2020). *The Human Capital Index 2020 Update.*

Banque Mondiale. (2025). Indicateurs économiques du Mali (croissance, structure du PIB).

Banque, m. (2024). *Mali — Emploi dans l'agriculture et contribution au PIB.*

Barro. (s.d.). *Economic Growth in a Cross Section of Countries.* 1990.

Barro, R. J. (1990). Government Spending in a Simple Model of Endogenous Growth. . *Journal of Political Economy.*., 98(5, Part 2), S103–S125.

(2024). *Base de données officielle du secteur énergétique.*

BCEAO & BRVM. (2023). *Annual Report, erformance et indicateurs de la Bourse Régionale des Valeurs Mobilières.*

BCEAO. (2021). *Inclusion financière et accès des femmes aux services financiers dans l'UEMOA.* . Dakar.

BCEAO. (2022). *Étude sur l'épargne informelle dans l'UMOA (Données historiques et mises à jour 2022).*

BCEAO. (2022). *Rapport annuel sur la situation de la microfinance dans l'UEMOA.* BCEAO.

BCEAO. (2023). *Note de politique monétaire trimestrielle.*

BCEAO. (2023). Directive sur l'interopérabilité des services de paiement mobile et bancaire au Mali.

BCEAO. (2023). *Rapport annuel et statistiques monétaires.*

BCEAO. (2023). *Rapport annuel sur les services financiers numériques dans l'UEMOA.* Dakar.

BCEAO. (2023). *Rapport sur les conditions de l'inclusion financière au Mali.*

BCEAO. (2023). *Rapport sur les services de paiement dans l'UMOA .*

BCEAO. (2023). *Situation du système bancaire et financier du Mali.* Dakar.

BCEAO. (2024). Instruction n°001-01-2024 du 23 janvier 2024 relative aux services de paiement dans l'Union Monétaire Ouest Africaine.

BCEAO. (2024). Rapport annuel sur la politique monétaire et la situation économique dans l'UEMOA 2023–2024.

BCEAO. (2024). *Rapport Politique Monétaire UEMOA & CNPM Atelier Financement Agri .*

BCEAO. (2024). *Rapport sur les conditions de banque 2023–2024.*

BCEAO. (2024). *Rapport sur les indicateurs économiques et financiers de la CEDEAO. Dakar : Banque Centrale des États de l'Afrique de l'Ouest.*

BCEAO. (2024). *Rapport sur les Systèmes Financiers Décentralisés (SFD).*

Becker. (1993). *Human Capital: A Theoretical and Empirical Analysis, with Special Reference to Education .* University of Chicago Press: 3e édition.

Becker, G. S. (1964). *Human capital. University of Chicago Press.*

BM. (2020). *Rapport Doing Business 2020 (Mali).*

BM. (2020). World Development Report: Trading for Development in the Age of Global Value Chains. Washington, DC.

BM. (2021). *Digitalizing Teacher Payments: Improving Governance and Efficiency in African Education Systems.* Washington, DC.

BM. (2022). *Financial Consumer Protection and Digital Financial Services in WAEMU.* Washington.

BM. (2022). *Global Findex Database .*

BM. (2022). *Learning-Adjusted Years of Schooling (LAYS).*

BM. (2022). *Rapport sur la mobilité urbaine au Mali.*

BM. (2022). *Rapport sur les indicateurs de prestation de services (SDI) : Évaluer les connaissances des enseignants au Mali et au Sahel.*

BM. (2022). *Réforme de l'Enseignement et de la Formation Techniques et Professionnels (ETFP) : Le modèle de l'alternance et l'insertion des jeunes.*

BM. (2022). *The Learning Poverty Report.*

BM. (2022/2023). *Mali Country Economic Memorandum.*

BM. (2023). AGEE-Mali : Programme Gouvernance Énergétique. Washington.

BM. (2023). Analyse les réformes du GUFE, la simplification de la patente et les coûts persistants pour les entreprises.

BM. (2023). *Banque mondiale: Note économique Mali .*

BM. (2023). *Projet d'amélioration de l'accès à l'éducation au Mali (PAAEM).*

BM. (2023). *Rapport sur le développement dans le monde : Migrants, réfugiés et sociétés.*

BM. (2023). *Safety Nets in Africa : Effective Mechanisms to Alleviate Poverty.*

BM. (2023-2024). *Mali Economic Update.* Washington, DC.

BM. (2024). *Banque mondiale: Diagnostic de croissance et diversification du Mali.*

BM. (2024). Note Économique Mali : Déficit EDM-SA.

BM. (2024). *West African Livestock Production and Meat Markets: Opportunities and Constraints: Banque Mondiale.* Washington, DC.

BM. (2024). *World Development Indicators.*

BM. (2024). *World Development Indicators: Manufacturing, value added (% of GDP) – Mali. Washington, DC: World Bank.*

BM, OIT,. (2020/2023). *Mali Economic Update (Mai 2023) ;Rapport sur la protection sociale dans le monde (2020/2022).*

BOAD. (2023). *Agriculture et sécurité alimentaire : interventions dans la structuration et le financement de projets agricoles et agro-industriels en Afrique de l'Ouest.*

Bonfiglioli, A. (2022). Pastoral Systems in the Sahel: Adaptation and Change. *Journal of Arid Regions*, 41(2), 102–126.

(2023). *Bulletin statistique énergétique.*

(2023). *Cadre tarifaire national et perspectives d'ajustement.*

CCI. (2023). *Trade and Market Analysis Report.*

CEA. (2016). Economic Report on Africa 2016: Greening Africa's Industrialisation.

CEA. (2023). *L'industrialisation et la transformation des produits agricoles en Afrique.*

CEA. (2024). *africa-union.org/cea.*

CEA-ONU. (2022). *Rapport économique sur l'Afrique.*

CEDEAO. (2021). *Rapport sur le Commerce Transfrontalier Informel, publié en 2021.*

CEDEAO. (2022-2023). *Mesures de sanctions contre le Mali, le Burkina Faso et la Guinée, incluant suspension de transactions commerciales et financières, interdictions de voyage et maintien de sanctions politiques.*

CEDEAO. (2024). *Regional Integration.*

CGAP. (2023). *Annual Report. Consulté sur https://www.cgap.org/about/key-documents/cgap-fy-2023-annual-report.*

Chang, H.-J. (2011). *Things They Don't Tell You About Capitalism.* London: Allen Lane: Penguin Books.

CILSS. (2024). *Évaluation des pâturages et vulnérabilité pastorale au Sahel 2024.* Ouagadougou.: Comité Inter-États de Lutte contre la Sécheresse dans le Sahel.

CILSS. (2024). *Comité permanent inter-États de lutte contre la sécheresse dans le Sahel.*

CIRAD. (2024). *Amélioration génétique et modernisation pastorale au Sahel.*

CIRAD. (2024). *Cirad, Rapport d'activité 2024.* Montpellier: CIRAD.

CMDT. (2023). *Rapport Compagnie Malienne pour le Développement du Textile.*

CMDT. (2024). *Rapport Compagnie Malienne pour le Développement du Textile.*

CMDT; MAM. (2025). *Rapport Annuel.*

Collier, P., & Goderis, B. (2009). *Commodity Prices, Growth, and the Natural Resource Curse. University of Oxford.*

COMTRADE., U. (2024). International Milk Trade Database.

CRE. (2024). *Rapport sur les pertes techniques et commerciales au Mali.*

CREE. (2023). Grilles Tarifaires Progressives EDM-SA. Ordonnance 00-021/P-RM.

CREE. (2024). *Régulation du secteur électrique et de l'eau au Mali.*

CroissanceAfrique. (2025). *Demande annuelle en ciment .*

(2024). *Déficit d'EDM-SA et subventions énergétiques 202‌–2023.*

DGI . (2023). *Code Général des Impôts du Mali .*

Diallo, M. (2024). Milk, Culture, and Identity among Fulani Communities. *Sahelian Anthropological Review*, 12(1), 77–101.

DNCT. (2024). *Direction Nationale de la Coopération Territoriale: Rapport sur les budgets locaux et la gestion des collectivités territoriales.*

DNDC. (2023). *Rapport sur l'état du foncier au Mali .*

DNPIA. (2024). *Statistiques nationales de l'élevage Rapport annuel 2024.* Bamako: DNPIA. (2024).

(2016). *Document de Politique Énergétique Nationale 2016–2035.*

Doing Business. (2020). *Comparing Business Regulation in 190 Economies.*

Dupire, M. (2020). Pastoral Nomadism and Social Structure in West Africa. *African Studies Review,.*, 63(4), 519–541.

Duteurtre, G. &. (2021). *Économie des filières animales en Afrique subsaharienne.* Karthala.

EDM S.A. (2024). *Plan de redressement 2022–2026.*

EDM, S. (2024). *Grille tarifaire et rapport annuel 2024. Bamako : Énergie du Mali-SA.*

EDM-Agrobusiness Survey. (2024). *Rapport d'enquête.*

EDM-SA. (2023). *Rapport annuel.*

ELA. (2023). *The e-Learning Africa Report 2023: Progress and Best Practices in National Digital Learning Platforms (Morocco, Tunisia, Ghana). ICWE GmbH,.*

ENET. (2022). *Rapport sur le développement et les perspectives du secteur agricole au Mali.*

Enterprise Survey. (2024). *indicateur sur coupures d'électricité)* .

Estache, A. (2006). *Infrastructure and Development. World Bank Policy Research WP.*

Eurostat. (2024). *Dialogue stratégique sur l'agriculture de l'UE : le PAC impacte les exportations.*

Evans, P. (1995). *Embedded Autonomy: States and Industrial Transformation. Princeton University Press.*

FAO. (2023). *Défis de formation et rendements productifs. Organisation des Nations Unies pour l'alimentation et l'agriculture, . La situation de l'agriculture et de l'agro-industrie au Sahel :.* Rome.

FAO. (2023). *Indicateurs ODD sur les pertes alimentaires mondiales : pertes post-récolte en Afrique subsaharienne.*

FAO. (2024). *Africa Livestock Outlook : Meat, Dairy and Pastoral Systems.* Rome.

FAO. (2024). *Crop Prospects and Food Situation. Publications trimestrielles analysant les perspectives de production agricole et les risques pour la sécurité alimentaire en Afrique.*

FAO. (2024). Dairy Market Outlook.

FAO. (2024). *Gender in Agriculture: Status and Policy Insights.*

FAO, & Rural, M. d. (2024). *FAOSTAT: Livestock Data 2024. Food and Agriculture Organization, Statistiques agropastorales du Mali.*

FAO. (2022). Africa Dairy Outlook 2024. Rome.

FAO/OMS. (2024). *Codex Alimentarius : Lait et produits laitiers (2e éd.).*

FIDA. (2024). *activités du FIDA pour améliorer les systèmes agricoles, l'accès aux marchés et l'inclusion financière des PME agro-alimentaires.*

Financial Afrik. (2025). CMA-CGM et MSC face au test logistique du Mali : hausse des coûts, retards et défis.

FMI . (2024). *Perspectives Économiques Régionales : Afrique Subsaharienne, Mise à jour 2024.* Washington D.C. (États-Unis): FMI.

FMI. (2020). *Rapport des services du FMI sur l'efficacité des dépenses publiques dans les secteurs sociaux. Fonds Monétaire International,.*

FMI. (2021). *Fiscalité du secteur informel en Afrique subsaharienne.*

FMI. (2022). *Perspectives économiques régionales : Afrique subsaharienne . Washington.*

FMI. (2023). Mali Article IV Consultation : Subventions EDM-SA.

FMI. (2023). *Rapport de consultation Article IV – Mali. Missions des services du FMI, Washington DC.*

FMI. (2024). *World Economic Outlook.*

FMI, M. M. (2023). *Rapport n°23/184 sur le Mali (Mai 2023) ; Ministère de l'Économie et des Finances du Mali - Direction Générale des Impôts (DGI).*

fourrages, É. a. (s.d.). *rendements du sorgho fourrager en conditions culturales optimisées.*

FPRI . (2022). *The Role of Education and Innovation. International Food Policy Research Institute.* Washington, DC.

GEM. (2022). *Accountability in Education – Meeting Our Commitments.*

GEM. (2023). *Inclusion and Education – All Means All. Paris: UNESCO.*

GIEC Afrique. (2023). *Rapport régional sur le changement climatique et ses impacts en Afrique.*

GIEC/IPCC . (2023). *Climate Change 2023: Synthesis Report.* Geneve: GIEC/IPCC.

GM. (2022). *Décret fixant l'organisation et les modalités de fonctionnement des services du Ministère de l'Éducation Nationale et des organismes rattachés.*

Government of Mali. (2013). *Local Content Act, . Ministère des Mines et de l'Énergie, République du Mali.*

Government of Tanzania. (2018). Mining (Local Content) Regulations, Government Notice No. 3 of 2018 (under the Mining Act).

GSMA . (2023). *State of the Industry Report on Mobile Money 2023.* . London .

GSMA. (2023). Programme d'accélération AgriTech et cartes agricoles numériques .

Hanushek, E. A., & Woessmann, L. ((2020). .). *Education, Knowledge Capital, and Economic Growth. Oxford Research Encyclopedia of Economics and Finance.*

Hanushek, E. A., & Woessmann, L. (2020). *The Economic Impacts of Learning Losses.*

Hanushek, E. A., & Woessmann, L. (2020). *The Economic Impacts of Learning Losses. Paris: OECD Publishing.*

Hood. (1991). *A Public Management for All Seasons?*

ICARDA. (2020). *Camel milk and nutrition in arid zones.*

ID4D. (2022). *Digital Identification for Development.*

IEA. (2024). *Africa Energy Outlook.*

IEA. (2025). Renewables 2025: Analysis and forecasts to 2030.

IER, & IER. (2023; 2024). *Études fourragères au Mali ; Production animale et systèmes d'élevage.*

IER. (2024). *Production animale et systèmes d'élevage.*

IER.2024. (s.d.). *Production animale et systèmes d'élevage.*

IER/ICRISAT. (2025). *Programme Coton & Anniversaire 54e ICRISAT-Mali.*

IFC. (2022). *Mali SME Finance Survey.*

ILO. (2022). *Global Employment Trends for Youth.*

ILRI. (2023). *Livestock Mobility, Transhumance and Security in the Sahel.* Nairobi.: ILRI (International Livestock Research Institute).

ILRI. (2024). *Dairy Productivity and Resilience Report—Sahel. Nairobi: International Livestock Research Institute.*

ILRI. (2024). *Pastoralism and Livestock Dynamics in the Central Sahel:.* Nairobi.: Vulnerabilities and Adaptation.

ILRI. (2024-2025). *Dairy Productivity and Resilience Report: Sahel. Nairobi : International Livestock Research.*

ILRI. (2024). *Dairy Productivity and Resilience Report—Sahel. Nairobi: International Livestock Research Institute.*

INS. (2024). *Rapport annuel sur le commerce extérieur de la Côte d'Ivoire : filière bétail-viande.* Abidjan: Institut National de la Statistique, Abidjan.

INSTAT. (2022). *Note méthodologique sur les Comptes Nationaux.*

INSTAT. (2022). *Résultats définitifs du Recensement Général de la Population et de l'Habitat (RGPH 2022).* Bamako.

INSTAT. (2023). *Commerce extérieur.*

INSTAT. (2023). *Rapport de l'Enquête Modulaire Permanente auprès des Ménages .*

INSTAT. (2023). *Rapport de l'Enquête Modulaire Permanente auprès des Ménages (EMOP), publié en mai 2023 (données 2022).*

INSTAT. (2023). *Recensement Général des Unités Économiques (RGUE).*

INSTAT. (2023). *Recensement Général des Unités Économiques (RGUE), .*

INSTAT. (2024). Annuaire statistique du Mali.

INSTAT. (2024). *Enquête Nationale sur l'Emploi des Jeunes (ENEJ) : Analyse du chômage, du sous-emploi et de l'inadéquation des compétences. Institut National de la Statistique,.* Bamako.

INSTAT. (2023). *Enquête EMOP sur les conditions de vie des ménages.*

IPCC. (2023). *Sixth Assessment Report: Sahel.*

IPR/IFRA. (2024). Amélioration génétique et reproduction bovine au Mali.

IRENA. (2023). Énergie solaire pour recharge drones agricoles (+ autonomie, - coûts), intégrant l'agriculture de précision dans la transition verte africaine.

IRENA. (2023). *Renewable Energy Statistics.*

ITIE . (2024). *Rapport national sur la transparence dans les industries extractives du Mali.*

ITIE. (2023). Comité de Pilotage Initiative pour la Transparence dans les Industries Extractives au Mali.

ITIE Mali . (2023). *Rapport ITIE – Version Définitive. Initiative pour la Transparence dans les Industries Extractives au Mali .*

ITU . (2023). *The Economic Impact of Broadband and Digitization: Evidence from Developing Countries and the Sahel.*

Kuznets, S. (1971). *Economic Growth of Nations. Cambridge.* MA: Harvard University Press.

LCV . (2024). *Rapport national sur l'inspection sanitaire des viandes.* Bamako.

LCV. (2024.). Rapport sanitaire vétérinaire .

Lewis, W. A. (1954). Economic development with unlimited supplies of labour. *The Manchester School*, 22(2), 139–191.

l'UEMOA, BCEAO. . (2023). *Rapport annuel sur la situation de l'inclusion financière dans.* Dakar.

LOA. (2021). *Loi n° 06-045 du 05 septembre.*

Local, E. /. (s.d.). *potentiel régional du cheptel et production animale en Afrique de l'Ouest et Sahel.*

(2016). *Loi n°2016-031 relative aux Partenariats Public–Privé.*

Lucas, R. E. (1988). On the Mechanics of Economic Development. *Journal of Monetary Economics,.*, 22(1), 3–42.

Lucas, R. E. (1988). On the mechanics of economic development. . *Journal of Monetary Economics,*, 22(1), 3–42.

(2023). *Mali Energy Sector Diagnostic and Reform Framework.*

(2024). *Mali Staff Country Report.*

Manoli, C., et al. (2024). Modernisation des abattoirs africains et normes internationales. *Journal : Revue Afrique Contemporaine*.

Margaret S. McMillan, & Harttgen, K. (2014). *What is driving the 'African Growth Miracle'?*

MC. (2024). *Rappor annuel .*

McKinsey, & Company. (2024). *Reimagining the apparel value chain amid volatility.*

MDR. (2024). *Statistiques agropastorales du Mali.*

MEA. (2016). *Document de Politique Énergétique Nationale.*

MEA. (2019). *tratégie Nationale des Énergies Renouvelables (SNER 2019–2030).*

MEA. (2024). *Document de Politique Énergétique Nationale.*

MEF & ITIE. (2024). Rapport EITI 2023 : Contribution minière PIB.

MEF. (2020). Stratégie Nationale d'Inclusion Financière (SNIF) 2020–2025.

MEF. (2023). *Analyse sectorielle des dépenses de l'éducation. Ministère de l'Économie et des Finances,.* Bamako, Mali.: Rapport d'exécution du budget de l'État :.

MEF. (2024). *Loi de Finances 2024 & Bilan Coton.*

MEF, & PNUD. (2024). *Étude prospective sur les pôles de croissance et les besoins futurs en capital humain. Ministère de l'Économie et des Finances / Programme des Nations Unies pour le Développement,.* Bamako.

MEFP. (2024). *Apport sur les opérations financières de l'État, année 2024.*

Megginson, W. (2005). *The Economics of Privatization. In Oxford Handbook of Business Economics.*

MEM. (2023-2025). Plan Stratégique Solaire .

MEN & MEFPT . ((2022).). *Schéma Directeur de l'Enseignement Technique et de la Formation Professionnelle :* . Mali, Bamako.: Horizon 2030. Gouvernement de la République du Mali.

MEN (2023). RASE :. (2023). *Rapport Annuel Statistique de l'Éducation 2022-2023.* . Bamako, Mali.: Ministère de l'Éducation Nationale, .

MEN. (2021/2022/2023). *Programmes de développement sectoriel de l'éducation.* Bamako.

MEN. (2022). *Programme d'Investissement Sectoriel de l'Éducation (PISE III) 2022-2030 : Planification des infrastructures et des besoins en équipements.* Bamako Mali: Ministère de l'Éducation Nationale, République du Mali.

MEN, & DNESG. (2023). *Rapport de performance de l'enseignement secondaire : Répartition des effectifs par série et filière. Ministère de l'Éducation Nationale,.* Bamako.

Mendez-del-Villar, P. (2023). *Coton ouest-africain : chaînes de valeur. CIRAD.*

MEN-SG. (2023). *Note de conjoncture sur les disparités régionales de scolarisation au Mali. Secrétariat Général du Ministère de l'Éducation Nationale,.* Bamako.

MIC. (2024). Plan de développement industriel et zones industrielles au Mali. Bamako.

Mincer. (1974). *Schooling, Experience, and Earnings. National Bureau of Economic Research / Columbia University Press.*

Mincer, J. (1974). *Schooling, Experience, and Earnings. New York: National Bureau of Economic Research.*

Mincer, J. (1984). Schooling, Experience, and Earnings. New York : Columbia University Press.

Ministère Transports. (2024). *transports.gouv.ml.*

MINUSMA. (2023). Rapport sur la situation sécuritaire et humanitaire au Mali.

MLL. (2022). Plan de Développement Agricole (PDA/Mali) 2022-2030. Bamako.

MM. (2024). *Rapports production or Ministère Mines.*

MNTI. (2022). *Stratégie Nationale Mali Numérique 2025 : Vers une administration publique digitalisée et transparente. Ministère de la Communication, de l'Économie Numérique et de la Modernisation de l'Administration,.*

MOFA. (2024). *Annual Report on Livestock and Poultry Sub-Sector Performance.Ghana (Ministry of Food and Agriculture).* Accra (Ghana): Ministry of Food and Agriculture, Accra.

Newman, C., Page, J., Rand, J., Shimeles, A., Söderbom, M., & Tarp, F. (2016). *Learning to Compete in Industry.*

(2023). *Normes techniques applicables aux équipements électriques et solaires.*

North, D. C. (1990). *Institutions, institutional change and economic performance. Cambridge University Press.*

OCDE . (2023). *La fiscalité et les flux commerciaux informels de bétail en Afrique de l'Ouest.* Paris.

OCDE. (2020). *Education at a Glance.*

OCDE. (2020). *L'éducation en Afrique : Défis de formation et de recrutement des enseignants dans les pays en crise.* Paris: . Éditions OCDE,.

OCDE. (2021). Industrial Policy for the 21st Century. OECD Publishing.

OCDE. (2022). *Dynamiques du développement de l'Afrique .*

OCDE. (2024). *PAC Export Subsidy Mechanisms.*

OCDE, F. (2025-2034). *Agricultural Outlook:tendances de production mondiale axées sur l'augmentation des rendements par animal.*

OCDE. (2024.). *PAC Export Subsidy Mechanisms.*

OCDE-SWAC . (2024). *Dynamiques des flux transfrontaliers de bétail et d'animaux vivants en Afrique de l'Ouest.*

OCHA . (2024). *Aperçu de la situation humanitaire et impact sur l'accès aux services sociaux de base (Éducation).*

OIT. (2015). *Texte de la Recommandation.*

OIT. (2019). *Transitioning from the informal to the formal economy: Lessons from international experience. Geneva, Switzerland.*

OIT. (2022). *Emploi et informalité dans les villes africaines (Rapport 2022).*

OIT. (2022). *World Social Protection Report.*

OIT. (2022-2023). *Rapport : Femmes et hommes dans l'économie informelle (2023) ; INSTAT - EMOP .*

OIT. (2023). *Étude de l'OIT sur la formalisation des entreprises au Mali.*

OIT. (2023). *Panorama mondial de l'informalité (Données consolidées 2023).*

OIT. (2023). *Rapport : Femmes et hommes dans l'économie informelle : un panorama statistique.*

OIT. (215). *Recommendation No. 204 concerning the transition from the informal to the formal economy. Geneva, Switzerland.*

OIT, B. M. (2023). *Femmes et hommes dans l'économie informelle : un panorama statistique (2023) ; Banque Mondiale - The Informal Economy in Sub-Saharan Africa.*

OMVS & OMVG. (2023). Rapport annuel sur le développement des interconnexions régionales et la coopération énergétique.

OMVS. (2023). Rapport annuel sur l'énergie et le développement des ressources hydrauliques du bassin du fleuve Sénégal.

OMVS/OMVG. (s.d.). Irrigation moderne (Sénégal/Gambie) + drones = double productivité coton (zone Sikasso/Koutiala voisine).

ONU. (2024). *Perspectives de la population mondiale : focus Afrique de l'Ouest.* New york: Nations Unies.

ONU, H. (2023). *Mali country brief. United Nations Human Settlements Programme.*

ONUDI. (2023). *Rapport annuel sur l'appui à l'optimisation des systèmes énergétiques industriels.*

ONUDI. (2024). *obstacles structurels communs aux pays en développement.*

ONUDI, U. /. (2024). *Organisation des Nations Unies pour le développement industriel (ONUDI) International Yearbook of Industrial Statistics.*

ONU-Habitat. (2023). *Mali country brief. United Nations Human Settlements Programme.*

Osborne. (2013). *The New Public Governance.*

Ostrom. (1990). *Governing the Commons: The Evolution of Institutions for Collective Action. Cambridge University Press.*

Page, J., & Tarp, F. (2020). *Mining for Change: Natural Resources and Industry in Africa.*

PASEC. (2019). *Évaluation des acquis des élèves en lecture et mathématiques.*

PEF. (2022-2026). *https://www.globalpartnership.org/.*

Pêche, M. d. (s.d.). *Politiques sectorielles.*

PIDAS, I. (2024). *Rapport annuel sur les initiatives de financement agricole au Mali. Bamako.*

PISE III. (2023). Programme d'Investissement dans le Secteur de l'Éducation, 2022–2026.Ministère de l'Éducation.

PME. ((2022).). *Rapport sur le Partenariat Mondial pour l'Éducation 2022-2026 au Mali : Renforcement de la gouvernance locale et des capacités des collectivités. Secrétariat du PME,.* Washington/Bamako.

PNI. (2025). ndustrializing Mali – Projet structurant de la politique nationale d'industrialisation.Gouvernement de la République du Mali.

PNISA. (2025). *Plan National d'Investissement dans le Secteur Agricole.*

PNUD. (2022). *Rapport sur le développement humain et les enjeux sécuritaires au Mali 2020–2024. Bamako : Programme des Nations Unies pour le développement.*

PNUD. (2024). *Pastoralist Security and Mobility in Conflict-Affected Areas.*

Pollitt, & Bouckaert. (2017). *Public Management Reform: A Comparative Analysis.*

Porta, L., & Shleifer. (2014). Informality and Development. *Journal of Economic Perspectives*, 28(3), 109-126).

PP. (2024). Millenium Technologies et les drones agricoles au Mali.

PRAPS II. (2023-2028). *Regional Sahel Pastoralism Support Project.*

PRAPS II. (2024). *Programme régional d'appui au pastoralisme. Banque Mondiale.*

PRAPS, I. (2023-2028). *World Bank : Projet Régional d'Appui au Pastoralisme Sahélien.*

PRODEC II. (2022). Programme de Développement Éducatif et Culturel, 2021–2025.Ministère de l'Éducation.

(2023). *Projection démographique du Mali (2023–2050).*

PR-PICA. (2024). *Programme régional de production intégrée du coton en Afrique.*

PSRSA. (2023–2030). *Programme Sectoriel de la Renaissance du Secteur Agricole.*

(2023). *Rapport annuel de performance 2022–2023.*

(2023). *Rapport annuel sur les projets d'énergies renouvelables au Mali.*

République du Mali. (2019). *Code minier du Mali. Ministère des Mines et de l'Énergie, République du Mali.*

RM. (2000). République du Mali. (2000). Ordonnance n°00-021/P-RM : Création CREE. Journal Officiel.

RM. (2016). République du Mali. (2016). Loi n°2016-031 : Partenariats Public-Privé. Journal.

RM. (2019). Loi relative à la libéralisation et à l'organisation du secteur de l'électricité. Bamako : Journal Officiel.

Rodrik, D. (2004). *Getting Institutions Right.* Harvard University Press: MA: Cambridge.

Rodrik, D. (2007). *One economics, many recipes: Globalization, institutions, and economic growth. Princeton University Press.*

Rodrik, D. (2011). *The Globalization Paradox.* New York:: W.W. Norton.

Sachs, & Warner. (1995). "Natural Resource Abundance and Economic Growth." . *NBER Working* , Paper No. 5398. .

Schultz. (1961). "Investment in Human Capital." American Economic Review,. 51(1), 1-17.

Schultz, T. W. (1961). Investment in Human Capital. The American Economic Review, . 51(1), 1–17.

SDE. (2024-2025). Stratégie Nationale pour l'Émergence et le Développement.

SIMT. (2023). *Mali: Ministère de l'Emploi et de la Formation Professionnelle.*

SNEDD. (2022-2030). *Stratégie Nationale pour l'Émergence. Ministère des Finances.*

Sphinx. (2023). *Le lait local au Mali : un potentiel non négligeable.*

Stiglitz, J. E. (2002). Globalization and Its Discontents. New York: W.W. Norton.

(2019). *Stratégie Nationale des Énergies Renouvelables 2019–2030.*

Tech. (2024). Orange Finances Money Mali s'associe au britannique TerraPay pour développer les paiements transfrontaliers.

Textile Exchange. (2024). *Organic Cotton Market Report.*

TOCA. (2023). *Association coton bio Tanzanie.*

Transports, M. d. (2024). *Rapport sur l'état des infrastructures routières au Mali. Bamako.*

TWA. (2023). *Rapport sur la corruption et les entraves non tarifaires dans les corridors de transport ouest-africains.* Dakar (Sénégal): Transparency West Africa.

UA. (2021). Communiqué de la conférence L'Afrique crée des emplois.

UE. (2015). Agenda 2063: The Africa We Want.

UE. (2021). *Lancement opérationnel de la Zone de libre-échange continentale africaine (ZLECAf). Addis-Abeba.*

UE. (2023). Rapport d'évaluation de la ZLECAf. Addis-Abeba.

UE. (2024). *Règles d'Origine ZLECAf : Chapitres 61-62-63 (Textile). Briefing LRS AfCFTA 2e édition.*

UEMOA . (2020). *Rapport Doing Business.*

UEMOA. (2022). *Rapport annuel sur la compétitivité des filières animales dans l'espace UEMOA.*

UEMOA. (2023). *Rapport Annuel sur le fonctionnement et l'évolution de l'Union.*

UEMOA. (2024). *Rapport agricole : Commission de l'UEMOA, Note de conjoncture économique régionale, 4e trimestre 2024.*

UEMOA. (2024). Rapport Agricole Régional.

UIT. (2022). Facts and Figures 2022: Measuring digital development. Genève.

UN Comtrade. (2024). *ali exports by commodity — gold in unwrought forms non-monetary (HS 710812). Données de commerce international via WITS.*

UNCTAD. (2023). *Rapport sur le développement économique en Afrique .*

UNEP. (2023). *Annual Report.*

UNESCO. (2015–2023.). *Education for All Global Monitoring Reports.*

UNESCO. (2021). *Global education monitoring report.*

UNESCO. (2022). *Education Management Information Systems (EMIS): A Guide to Modernize Data for Performance.*

UNESCO. (2023). *Rapport mondial de suivi sur l'éducation (GEM Report) : La technologie dans l'éducation : qui est aux commandes ? (Thématique de la gouvernance et de l'intégration).*

UNICEF. (2023). *Child Education and Learning Outcomes in West Africa.*

UNICEF Régional. (2023). *egional NNutrition Review. Rapport institutionnel régional sur la situation nutritionnelle des enfants et des femmes dans région ciblée.*

UNIDO . (2022). Industrial Development Report 2022: The Future of Industrialization in a Post-Pandemic World.

UNIDO. (2022). *Africa industrialization report. UNIDO & UNECA.*

Union, A. (2021). *AfCFTA Agreement—Guided Trade Initiative Framework. AU.*

USGS. (2024). *Mineral Commodity Summaries .*

USITC. (2024). *Rapport sur les chaînes de valeur du coton en Afrique . Washington.*

Williamson. (1985). *The Economic Institutions of Capitalism. Free Press.*

World Bank. ((2023)). *Mali – Financial Sector Diagnostic.* Washington, DC.

World Bank. (2012). Performance Standards on Environmental and Social Sustainability. Washington, DC: International Finance Corporation.

World Bank Enterprise Surveys. (2024). *Portail principal avec métadonnées et accès aux données.*

World Bank, . (2020). Mali Agricultural Sector Review. Washington D.C.

Worldometer. (2024). *Population du Nigeria.*

POSTFACE

Les grands projets intellectuels n'achèvent jamais vraiment leur course. Ils se déposent plutôt comme des strates successives dans la longue histoire des idées, invitant les lecteurs, les chercheurs et les décideurs à reprendre le relais de la réflexion. Cette postface, en clôturant cet ouvrage, ne vise donc pas à sceller un débat, mais à ouvrir un espace analytique renouvelé. Celui d'une pensée économique et managériale africaine, exigeante, empirique, engagée et tournée vers l'action. Les neuf chapitres qui composent ce livre ont proposé une traversée méthodique des réalités productives du Mali, éclairées par une analyse structurelle et institutionnelle profonde. Il s'agit ici d'en tirer les dernières leçons transversales, replacer l'ensemble dans les débats contemporains en gestion publique et stratégie de développement, et identifier les chantiers d'actions et de recherches qui s'imposent désormais.

Le premier apport fondamental de cet ouvrage est d'inscrire l'analyse économique sectorielle dans une perspective intégrée de gestion publique, de gouvernance institutionnelle et de stratégie organisationnelle. Le Mali, comme une majorité d'économies africaines à faible revenu, souffre moins d'une absence de potentiels économiques que d'une incapacité structurelle à les gérer efficacement, à les organiser de manière cohérente, et à les articuler dans une vision productive partagée.

Les chapitres révèlent tous des constantes managériales : fragmentation des responsabilités, déficit de coordination, faiblesse des dispositifs de régulation, asymétries d'informations, problèmes de redevabilité, et incohérences entre stratégie nationale, capacités opérationnelles et mécanismes d'évaluation. Ces limites rejoignent les observations de la (BM, 2022/2023) sur l'efficacité institutionnelle en Afrique de l'Ouest, de la Commission économique pour l'Afrique (CEA, 2024) sur les faiblesses de planification, ainsi que les analyses de (OCDE, 2021) sur la gouvernance des chaînes de valeur africaines. L'intérêt de cette étude tient donc à sa capacité à replacer le débat économique dans le champ élargi de la gestion publique, domaine qui, depuis (Ostrom, 1990), (Williamson, 1985), (North, 1990), (Acemoglu & Robinson, 2012), insiste sur les institutions comme moteur ou frein de la performance économique.

Au-delà des diagnostics macroéconomiques, cet ouvrage met en évidence une question centrale relative à la performance économique du Mali qui dépend largement de la performance organisationnelle de ses secteurs productifs. Plusieurs conclusions clés émergent. La CMDT, en dépit de ses succès historiques (production record autour de 760 000 tonnes en 2021 avant déclin), reste un exemple de gouvernance hybride où coexistent interventions politiques, dépendance financière, faible autonomie stratégique, lenteur décisionnelle, sous-intégration industrielle (moins de 3% transformés localement). Cela renvoie aux théories de la gouvernance des entreprises publiques ((Megginson, 2005); (Estache, 2006)) et aux limites du modèle de gestion parapublique.

L'une des contributions majeures de cet ouvrage est d'avoir montré que la transformation structurelle ne peut être pensée sans des institutions performantes, des organisations efficientes, une gestion stratégique orientée résultats, une culture de la redevabilité, des capacités managériales, et des systèmes d'information fiables. Dans la littérature en management public ((Pollitt & Bouckaert, 2017) ; (Hood, 1991); (Osborne, 2013)), la performance ne découle pas uniquement des ressources, mais de la capacité à coordonner, à planifier, à gérer, à mesurer et à ajuster.

Ce livre démontre systématiquement que les blocages du Mali ne sont pas seulement économiques : ils sont organisationnels. On retrouve ici les enseignements clés :

- La transformation exige la cohérence stratégique à long terme : absence de vision partagée, discontinuité politique, stratégies non financées.
- La transformation exige des capacités institutionnelles : l'effritement des compétences internes limite l'efficacité des politiques publiques.
- La transformation exige un leadership public capable d'arbitrer et de coordonner : le déficit de coordination intersectorielle constitue un frein majeur.
- La transformation exige un partenariat public-privé équilibré : les PPP énergétiques ou miniers mal encadrés accentuent les vulnérabilités.

- La transformation exige une culture de l'évaluation : peu de politiques publiques sont évaluées en fonction d'indicateurs robustes.

L'auteur montre que les réformes sectorielles ne peuvent être pensées isolément. Elles doivent être cohérentes, séquencées, hiérarchisées, pilotées et évaluées. Les contraintes sont lourdes, mais cet ouvrage adopte une posture constructive qui mérite d'être saluée. L'approche ne se limite pas à décrire des problèmes, elle propose des leviers, des pistes, des scénarios et des stratégies fondées sur l'évidence empirique. Il analyse sans complaisance, tout en proposant sans fatalisme.

C'est également un appel à la responsabilité collective, celle de reconstruire un État stratège, une économie productive, un système éducatif performant et une société capable de transformer ses contraintes en opportunités. En cela, il ouvre une nouvelle voie. Celle qui place enfin le capital humain, l'institution, l'industrie et la connaissance au cœur de la transformation. Une voie qui rappelle que la gestion n'est pas une technique neutre, mais une science au service de l'avenir collectif.

M. Zakari Yaou KAKA

Professeur Titulaire Agrégé des Universités (Sciences de Gestion) - CAMES

TABLE DES MATIERES

DÉDICACE 9
POURQUOI CE LIVRE ? 11
REMERCIEMENTS 13
PRÉFACE 15
SOMMAIRE 19
LISTE DES SIGLES, ACRONYMES ET ABRÉVIATIONS 21
TABLE DES ILLUSTRATIONS 25
INTRODUCTION 27

PARTIE I :
SECTEURS PRODUCTIFS ET DYNAMIQUES RURALES..... 33

CHAPITRE 1 :
L'ÉCONOMIE LAITIÈRE 35

SECTION 1 : STRUCTURE ET ORGANISATION DU SECTEUR LAITIER MALIEN 35
1. Typologies de production : traditionnelle, périurbaine, intensive 35
1.1. La production traditionnelle pastorale : 35
1.2. La production périurbaine semi-intensive : 36
1.3. La production intensive 37
2. Le rôle socioculturel et économique du lait 37
2.1. Une valeur identitaire et culturelle 37
2.2. Une importance nutritionnelle significative 37
2.3. Un secteur générateur de revenus 38
3. Acteurs clés : producteurs, transformateurs, distributeurs, importateurs 38
3.1. Les producteurs 38
3.2. Les collecteurs et coopératives 38
3.3. Les transformateurs 39
3.4. Les distributeurs 39
3.5. Les importateurs 39

SECTION 2 : PRODUCTIVITE ET TRANSFORMATION 39
1. Rendements laitiers par région : une productivité contrastée 40

2. Diffusion technologique : fourrage, insémination, races améliorées 41
2.1. Amélioration génétique et diversification raciale 41
2.2. Production fourragère : un pivot de compétitivité 41
2.3. Innovations en reproduction 42
2.4. Processus de transformation : artisanal vs semi-industriel 42
3. Transformation artisanale 42
3.1. Transformation semi-industrielle 43
3.2. Transformation industrielle 43
4. Le trou de compétitivité face au lait en poudre importé 43
4.1. Le prix du lait en poudre : un adversaire structurel 43
4.2. Le coût du lait local 43
4.3. Impact sur la production nationale 43

SECTION 3 : CONTRAINTES MAJEURES DE LA FILIERE LAITIERE AU MALI 44
1. Infrastructures : routes, froid, centres de collecte 44
1.1. Routes et accessibilité 44
1.2. Chaîne du froid inexistante ou insuffisante 45
1.3. Déficit de centres de collecte laitière 45
2. Contraintes sanitaires : absence de normes, insuffisance de laboratoires 45
2.1. Absence de normes harmonisées 46
2.2. Insuffisance et saturation des laboratoires 46
2.3. Risques sanitaires spécifiques 46
3. Financement insuffisant et risques élevés 47
3.1. Sous-financement chronique du secteur 47
3.2. Perception des risques par les banques 47
3.3. Manque de mécanismes de financement spécialisés 47
4. Gouvernance territoriale et organisation de la chaîne 48
4.1. Faible coordination entre acteurs 48
4.2. Faiblesse de la gouvernance territoriale 48
4.3. Instabilité et insécurité dans certaines zones 48
4.4. Pression sur les ressources naturelles 49

SECTION 4 : POLITIQUES PUBLIQUES ET PERSPECTIVES DE DEVELOPPEMENT DE LA FILIERE LAITIERE AU MALI 49

1. Stratégies nationales de modernisation de la filière laitière 49
1.1. La Loi d'Orientation Agricole (LOA) 49
1.2. Le Programme National d'Investissement Agricole 50
Le (PNISA, 2025) octroie plus de 22 % de son budget au développement de l'élevage (MOFA, 2024). 50
1.3. Le Projet Régional pour l'Appui au Pastoralisme 50
1.4. Appui aux infrastructures agro-industrielles 50
2. Intégration dans l'agro-industrie nationale 51
2.1. Développement de la transformation artisanale améliorée 51
2.2. Unités semi-industrielles et UHT 51
2.3. Développement des chaînes de valeur intégrée 51
2.4. Développement du lait de chamelle : un créneau premium 52
3. Opportunités offertes par la ZLECAf 52
3.1. Un marché continental de 1,4 milliard de consommateurs 52
3.2. Avantage compétitif du Mali en Afrique de l'Ouest 52
3.3. Harmonisation des normes et certification 53
3.4. Facilitation logistique 53
4. Perspectives d'autosuffisance laitière au Mali 53
4.1. Capacité nationale versus besoin en consommation 53
4.2. Scénario d'autosuffisance 2035 53
4.3. Potentiel d'exportation 54
4.4. Un rôle futur dans la souveraineté alimentaire régionale 54

CHAPITRE 2 : LE SECTEUR DE LA VIANDE ET LES SYSTÈMES PASTORAUX 55

SECTION 1 : STRUCTURE DE L'ÉLEVAGE ET DYNAMIQUE PASTORALE 55
1. Typologie des troupeaux et organisation du cheptel 55
1.1. Le pastoralisme mobile (transhumant) 56
1.2. Le système agro-pastoral semi-sédentaire 56
1.3. L'élevage intensif et périurbain 56
2. La mobilité pastorale et les systèmes de transhumance 57
2.1. Logiques de mobilité : 57

2.2. Enjeux économiques : 57
2.3. Enjeux sociaux et politiques : 57
3. Vulnérabilités climatiques : sécheresses, dégradation des pâturages, stress hydrique 58
3.1. Sécheresses récurrentes 58
3.2. Dégradation des pâturages 58
3.3. Stress hydrique 58
4. Vulnérabilités sécuritaires et perturbation des systèmes pastoraux 58

SECTION 2 : TRANSFORMATION, ABATTAGE, STRUCTURE, DÉFIS ET POTENTIEL D'INDUSTRIALISATION 59

1. Abattoirs modernes versus pratiques traditionnelles 60
1.1. Un tissu d'abattoirs sous-utilisé et vieillissant 60
1.2. Principales raisons du sous-usage 60
1.3. Les abattoirs municipaux et les pratiques traditionnelles 60
2. Contrôle sanitaire, hygiène et normes internationales.... 61
2.1. Un cadre institutionnel existant mais peu opérationnel 61
2.2. Normes internationales non respectées (Codex – HACCP – ISO) 61
2.3. Impacts économiques des faiblesses sanitaires 62
3. Chaîne du froid, distribution et pertes post-transformation 62
3.1. État de la chaîne du froid au Mali (2024) 62
3.2. Pertes post-abattage 63
3.3. Distribution : informalité et fragmentation 63
4. Valorisation des sous-produits et potentiel économique inexploité 63
5. Comparaisons internationales : enseignements pour le Mali 64
5.1. Le modèle éthiopien 64
5.2. Le modèle marocain 64
6. Enjeux stratégiques pour l'avenir 64

SECTION 3 : COMPÉTITIVITÉ RÉGIONALE DANS LA CEDEAO 65

1. La demande sous-régionale : Nigéria, Côte d'Ivoire, Ghana, des marchés en tension 66

1.1. Le Nigéria : un géant démographique sous forte pression alimentaire 66
1.2. La Côte d'Ivoire : premier marché côtier des bovins maliens 66
1.3. Le Ghana : un marché émergent en forte croissance...... 67
2. Corridors commerciaux, taxes et informalité 67
2.1. Les trois corridors stratégiques 67
2.2. Taxes formelles et informelles : le poids de la fiscalité réelle 68
2.3. Poids de l'informalité dans les flux commerciaux 68
3. Coûts de transport, risques et corruption : les entraves à la compétitivité 69
3.1. Coûts logistiques structurellement élevés 69
3.2. Risques sécuritaires 69
3.3. Corruption sur les routes 69
4. Intégration régionale et position stratégique du Mali..... 70
5. Perspectives : vers une compétitivité renforcée du Mali 70
5.1. Transition du bétail sur pied vers viande transformée ... 70
5.2. Création de hubs régionaux de transformation.............. 70
5.3. Harmonisation des normes CEDEAO 70
5.4. Amélioration des corridors logistiques.......................... 70

SECTION 4 : RÉFORMES ET PERSPECTIVES 71
1. Modernisation des abattoirs : un prérequis pour l'industrialisation 71
1.1. Diagnostic des abattoirs existants............................... 72
1.2. Priorités de modernisation 72
1.3. Création de zones agro-industrielles 73
1.4. Certification sanitaire et normes internationales 73
1.5. Harmonisation avec les normes internationales 73
1.6. Renforcement du Laboratoire Central Vétérinaire (LCV) 73
1.7. Mise en place d'un système de traçabilité animale 74
2. Développement d'unités de transformation : vers la viande emballée 74
2.1. La viande emballée est stratégique............................. 74
2.2. Typologies d'unités de transformation à développer 75
2.3. Développement de produits dérivés 75
3. Chaîne du froid : un investissement stratégique............ 75

3.1. Priorités logistiques 75
3.2. Centres de distribution régionaux 76
4. Politiques publiques et réformes structurelles 76
4.1. Réformes institutionnelles 76
4.2. Incitations financières 77
4.3. Accords commerciaux et intégration régionale 77
5. Perspective 2035 : un Mali exportateur de viande transformée 77
5.1. Scénario optimiste 77
5.2. Scénario pessimiste 77
5.3. Scénario stratégique (réaliste) 78

CHAPITRE 3 : LA FILIÈRE COTON ET L'INDUSTRIE AGRO-TEXTILE 79

SECTION 1 : ORGANISATION INSTITUTIONNELLE DE LA FILIERE COTON AU MALI 79
1. Une filière stratégique au cœur de l'économie malienne 79
1.1. La CMDT : gouvernance, performances et innovations 80
1.1.1. Origines et statut institutionnel 80
1.1.2. Gouvernance opérationnelle et organisation territoriale 80
1.1.3. Performances économiques récentes (2020–2025) 81
1.1.3.1. Production 81
1.1.3.2. Exportations et recettes 82
1.2. Les coopératives paysannes : gouvernance, rôle et défis 83
1.2.1. Structure et fonctionnement des coopératives 83
1.2.2. Importance socio-économique 83
1.2.3. Faiblesses structurelles 83
1.3. Rôle stratégique du coton dans le PIB, l'emploi et la croissance 84
1.3.1. Contribution au PIB et effets multiplicateurs 84
1.3.2. Contribution à l'emploi 84
1.3.3. Contribution à la stabilité macroéconomique 84
1.4. Limites institutionnelles et défis de gouvernance 84

SECTION 2 : LA CHAÎNE DE VALEUR COTONNIÈRE AU MALI : STRUCTURE, DYNAMIQUES ET SOUS-PRODUITS 85
1. Une chaîne de valeur incomplète mais stratégique 85
2. La production du coton au Mali : dynamiques, performances et contraintes 86
2.1. Structure de la production et importance économique 86
2.2. Intrants, mécanisation et innovations agronomiques 86
2.3. Innovations agricoles récentes (2023–2025) 87
2.4. Mécanisation 87
3. L'égrenage : cœur industriel actuel de la filière 87
3.1. Structure industrielle de l'égrenage 87
3.2. Résultats techniques de l'égrenage 88
4. Les sous-produits du coton : une richesse largement sous-exploitée 88
4.1. Huile de coton 88
4.2. Tourteaux de coton (aliments bétail) 89
4.3. Biomasse et coques de coton 89
5. Transformation textile et confection : une intégration encore très limitée 90
5.1. Situation actuelle : 90
5.2. Comparaison régionale et internationale 90
5.3. Potentiel de développement textile 90
6. Les limites actuelles de la chaîne de valeur 91

SECTION 3 : CONTRAINTES STRUCTURELLES DE LA FILIÈRE COTON AU MALI 91
1. Une filière stratégique mais structurellement vulnérable 91
2. Volatilité des prix internationaux : une contrainte majeure pour la stabilité macroéconomique...... 92
2.1. Dépendance aux marchés mondiaux 92
2.2. Effets sur la stratégie de production 92
3. Dépendance énergétique et contraintes logistiques........ 93
3.1. Dépendance énergétique : le principal frein à l'industrialisation textile 93
3.2. Contraintes logistiques : éloignement portuaire et inefficience des corridors 94

4. Faible industrialisation textile : une chaîne de valeur incomplète ... 94
4.1. Un tissu industriel quasi inexistant ... 94
4.2. Dépendance au marché asiatique ... 94
4.3. Absence de filature moderne ... 95
4.4. Absence de zones industrie textiles ... 95
5. Problèmes de qualité, certification et normes : un déficit stratégique ... 95
5.1. Laboratoires et certification HVI insuffisants ... 95
5.2. Normes industrielles et environnementales insuffisantes ... 96
6. Contraintes institutionnelles : gouvernance, financement, coordination ... 96
6.1. Gouvernance sectorielle centralisée et peu flexible ... 96
6.2. Faiblesse du financement industriel ... 97
6.3. Faible coordination public–privé ... 97
7. Vulnérabilités climatiques, sécuritaires et macroéconomiques ... 97
7.1. Vulnérabilité climatique ... 97
7.2. Insécurité dans le centre et le sud ... 97
7.3. Vulnérabilité financière ... 98

SECTION 4 : PERSPECTIVES INDUSTRIELLES DE LA FILIÈRE COTON AU MALI ... 98

1. Du coton fibre exporté à l'ambition d'un complexe agro-industriel intégré ... 98
2. Développement textile local : la priorité stratégique pour capter la valeur ajoutée ... 99
2.1. Pourquoi le textile est crucial pour l'économie malienne ? ... 99
2.2. Repositionner COMATEX et SOTEXMA comme pivots industriels ... 99
2.3. Création d'un réseau d'ateliers de confection : un gisement d'emplois ... 100
2.4. Le potentiel du coton biologique malien ... 100
3. Agro-industrie : huile, savon et aliments bétail, des segments aux marges stratégiques élevées ... 101
3.1. Huile de coton : une opportunité d'import-substitution et d'exportation ... 101

3.2. Tourteaux : levier stratégique pour la filière élevage 101
3.3. La biomasse : une énergie industrielle d'avenir 102
4. Opportunités ZLECAf : un marché de 1,3 milliard de consommateurs 102
4.1. Marchés cibles 102
4.2. Règles d'origine : un atout pour le Mali 102
5. Développer des clusters industriels régionaux : une stratégie structurante 103
5.1. Pourquoi un cluster régional ? 103
5.2. Proposition de trois clusters stratégiques au Mali 103
5.2.1. Cluster Textile–Sikasso 103
5.2.2. Cluster Agro-industriel–Koutiala 103
5.2.3. Cluster Confection–Bamako 104

PARTIE II : SECTEURS STRATÉGIQUES, INFRASTRUCTURES ET INDUSTRIALISATION 105

CHAPITRE 4 : LE SECTEUR AURIFÈRE ET LE CONTENU LOCAL 107

SECTION 1 : STRUCTURE ET PRODUCTION DU SECTEUR AURIFÈRE MALIEN 107
1. Importance stratégique du secteur aurifère 107
2. Mines industrielles : structure, acteurs, production 107
2.1. Cartographie et structure du secteur industriel 107
3. L'orpaillage artisanal : économie populaire et risques structurants 109
3.1. Importance économique et sociale 109
3.2. Caractéristiques structurantes 109
4. Flux financiers, fiscalité et contribution à l'économie 109
4.1. Contribution fiscale du secteur aurifère 109
4.2. Exportations et flux transfrontaliers 110
5. Dysfonctionnements macroéconomiques dans la chaîne de valeur aurifère 110

SECTION 2 : LA CHAÎNE DE VALEUR AURIFÈRE AU MALI 111
1. Une chaîne de valeur extravertie et incomplète 111

2. La chaîne de valeur aurifère : de l'extraction à l'exportation 112
2.1. Prospection et exploration : un secteur 100 % dominé par les multinationales 112
3. Extraction et transformation primaire : le cœur de la production, mais pas de la valeur 113
3.1. Extraction industrielle : technologies modernes, faible intégration locale 113
3.2. Extraction artisanale (orpaillage) : une production massive mais informelle 113
4. Le raffinage : le maillon manquant de la chaîne de valeur 114
4.1. Absence de raffinerie nationale : un manque à gagner colossal 114
4.2. Différence statistique majeure : 114
5. Sous-traitance : un système presque totalement externalisé 115
5.1. Structure des dépenses des compagnies minières 115
5.2. Comparaison régionale : le Mali en retard sur la transformation 115
6. Faiblesses techniques et institutionnelles de la chaîne de valeur 116
7. Les pertes financières liées à l'extraversion de la chaîne 116

SECTION 3 : LE CONTENU LOCAL DANS LE SECTEUR AURIFÈRE MALIEN 117
1. Le contenu local comme enjeu stratégique de souveraineté économique 117
2. Cadre juridique et institutionnel du contenu local au Mali 118
2.1. Le Code minier de 1991, 1999, 2012 et 2019 : évolution progressive mais incomplète 118
2.2. Institutions impliquées 119
3. Le niveau réel d'intégration locale : un diagnostic sévère 119
3.1. Participation nationale à l'emploi : un progrès limité 119
3.2. Sous-traitance locale : un niveau quasi nul 120
3.3. Transformation locale : quasi inexistante 121

3.4. Certification, laboratoires et normes : un vide total 121
3.5. Gouvernance et transparence : faiblesse systémique ... 121
4. Les limites structurelles du contenu local : analyse approfondie 122
4.1. Captation des rentes par les multinationales 122
4.2. Faible capitalisation des PME locales 122
4.3. Dépendance énergétique extrême 123
4.4. Déficit de formation et de capital humain 123
5. Enseignements comparatifs : comment font les pays performants ? 123

SECTION 4 : IMPACTS ET PERSPECTIVES DU SECTEUR AURIFÈRE MALIEN 124
1. Une industrie puissante, mais peu transformative 124
2. Emploi et retombées sociales : un potentiel encore sous-exploité 125
2.1. Emploi direct dans les mines industrielles : une contribution modérée 125
2.2. Emploi dans l'orpaillage artisanal : un secteur vital mais vulnérable 125
3. Retombées locales : un impact économique limité pour les territoires miniers 126
3.1. Contribution aux collectivités territoriales : des montants modestes 126
3.2. Problèmes structurels des retombées locales 127
4. Impact environnemental : un coût élevé pour les écosystèmes 127
4.1. Mines industrielles : impacts maîtrisables, mais réels 127
4.2. Orpaillage artisanal : un impact environnemental alarmant 127
5. Modernisation de l'orpaillage artisanal : un impératif national 128
5.1. Les raisons de la modernisation : 128
5.2. Axes stratégiques de modernisation 128
6. Perspectives stratégiques : vers une transformation structurelle du secteur aurifère 129

CHAPITRE 5 : LE SECTEUR DE L'ÉNERGIE, ACCÈS, GOUVERNANCE ET TRANSITION 133

SECTION 1 : MIX ÉNERGÉTIQUE ET DÉPENDANCE STRUCTURELLE DU MALI 133
1. L'énergie comme condition de l'industrialisation nationale 133
2. Hydroélectricité : potentiel important mais sous-exploité 133
2.1. Rôle historique et situation actuelle 133
3. Thermique : pilier central mais extrêmement coûteux 134
3.1. Structure et importance du thermique 134
3.2. Coût économique du thermique : 135
4. Solaire : dynamique de croissance, levier de transition 135
4.1. Explosion des projets solaires depuis 2020 135
4.2. Mini-réseaux (mini-grids) 136
5. Importations régionales : OMVS, OMVG et WAPP.... 136
5.1. Interconnexions électriques 136
5.2. Importations électriques (2024) 136
5.3. Limites de la dépendance régionale 136

SECTION 2 : CADRE INSTITUTIONNEL ET GOUVERNANCE DU SECTEUR ÉNERGÉTIQUE AU MALI (2023–2025) 137
1. L'énergie, un secteur stratégique en restructuration 137
1.1. L'entreprise publique EDM-SA : acteur central mais en crise structurelle 138
1.1.1. Origines et mission 138
1.1.2. Gouvernance et performance organisationnelle 138
1.2. Cadre de redressement et réforme en cours 139
2. Régulation et tarification : vers une gouvernance plus transparente 139
2.1. Le rôle de la Commission de Régulation de l'Électricité et de l'Eau (CREE) 139
2.2. La tarification de l'électricité : entre équité sociale et viabilité financière 140
3. Les partenariats public-privé (PPP) et les producteurs indépendants (IPP) 140
3.1. Contexte et évolution des PPP énergétiques 140
3.2. Risques contractuels et limites institutionnelles 141

4. L'architecture institutionnelle : un paysage en évolution 142
5. Les grands défis de gouvernance 142

SECTION 3 : CONTRAINTES MAJEURES DU SECTEUR DE L'ÉNERGIE AU MALI 143
1. Le coût élevé du KWH : une contrainte structurelle au développement 144
1.1. Une électricité parmi les plus chères d'Afrique de l'Ouest 144
1.2. La facture pétrolière : un poids pour l'économie 144
1.3. Les subventions énergétiques étouffent le budget public 145
2. Des pertes techniques et commerciales excessives (>20 %) 145
2.1. Normes internationales vs réalité malienne 145
2.2. Causes structurelles des pertes 146
2.3. Effets macroéconomiques 146
3. Accès rural faible : un obstacle à la transformation structurelle 146
3.1. Situation actuelle : un accès encore très insuffisant 146
3.2. Faiblesse d'AMADER et déficit de financement 147
3.3. Inégalités électriques et pauvreté énergétique 147
4. Sous-investissement chronique et endroitement de l'état 147
4.1. Un besoin annuel d'investissement estimé à 350–400 milliards FCFA 147
4.2. Contraintes de financement 147
4.3. Retards dans les projets stratégiques 148

SECTION 4 : TRANSITION ÉNERGÉTIQUE, INNOVATION, MINI-RÉSEAUX SOLAIRES ET SOUVERAINETÉ ÉNERGÉTIQUE AU MALI 149
1. Mini-réseaux solaires : la révolution énergétique rurale 149
1.1. Le potentiel solaire du Mali 149
1.2. L'état des mini-réseaux au Mali (2024–2025) 150
1.3. Les mini-grids : solution optimale pour l'accès rural 150
1.4. Limites et défis 150

2. Hybridation solaire-thermique : réduction immédiate des coûts ... 150
2.1. Les raisons pour le choix de l'hybride : ... 150
2.2. État actuel au Mali ... 151
2.3. Gains économiques potentiels ... 151
3. Autoproduction industrielle : un vecteur de compétitivité et de sobriété ... 151
3.1. Le rôle de l'industrie dans la transition énergétique ... 151
3.2. Impact macroéconomique de l'autoproduction ... 152
3.3. Limites ... 152
4. Souveraineté énergétique : une vision structurante ... 152
4.1. Les conditions de la souveraineté énergétique au Mali ... 152
4.2. Vision « 2040 » pour une souveraineté énergétique malienne ... 153
4.3. Le rôle des infrastructures régionales ... 153

CHAPITRE 6 : INDUSTRIE MANUFACTURIÈRE ET INFRASTRUCTURES DE COMPÉTITIVITÉ ... 155

SECTION 1 : STRUCTURE INDUSTRIELLE DU MALI ... 155
1. L'agro-industrie : premier pilier industriel du Mali ... 156
1.1 Rôle stratégique dans l'économie nationale ... 156
1.2. Dynamiques récentes et tendances ... 156
1.3. Défis structurels ... 156
2. Textile et cuir : une filière historique en crise, mais à fort potentiel ... 157
2.1. Poids historique du coton dans l'économie ... 157
2.2. Les industries existantes ... 157
2.3. Défis majeurs ... 157
2.4. Opportunités ... 158
3. Matériaux de construction : un secteur en croissance rapide ... 158
3.1. Dynamique générale ... 158
3.2. Produits dominants ... 158
3.3. Investissements récents ... 158
3.4. Contraintes ... 158
4. Chimie légère et métallurgie primaire : un secteur embryonnaire mais stratégique ... 159

4.1. Chimie légère 159
4.2. Métallurgie primaire 159
4.3. Opportunités 159

SECTION 2 : CONTRAINTES INDUSTRIELLES STRUCTURELLES 160
1. Énergie : coûts élevés, fiabilité faible et dépendance aux importations 160
1.1. Coût très élevé du kilowattheure 160
1.2. Fiabilité faible et instabilité chronique 161
1.3. Dépendance aux importations d'hydrocarbures 162
1.4. Impact macroéconomique sur l'industrie 162
2. Logistique et transports : un système fragilisé par l'enclavement 162
2.1. Enclavement géographique et dépendance maritime 162
2.2. Réseau routier : insuffisances structurelles 162
2.3. Logistique industrielle déficiente 163
3. Normes, certifications et qualité : une contrainte institutionnelle majeure 163
3.1. Une infrastructure qualité encore embryonnaire 163
3.2. Problèmes structurels 163
3.3. Impact sur les exportations 164
4. Financement et garanties : un système financier peu adapté à l'industrie 164
4.1. Faible profondeur financière 164
4.2. Problèmes de garanties 164

SECTION 3 : INFRASTRUCTURES ET ÉCOSYSTÈMES INDUSTRIELS 165
1. Zones industrielles : un outil sous-exploité de transformation structurelle 165
1.1. État des lieux des zones industrielles existantes 165
1.2. Rôle stratégique des zones industrielles dans la transformation productive 166
1.3. Conditions pour des zones industrielles compétitives 167
2. Parcs logistiques et infrastructures structurantes 168
2.1. Déficit d'infrastructures logistiques intégrées 168
2.2. Conséquences économiques 168
2.3. Le potentiel des Ports Secs (Dry Ports) 168

2.4. Corridors stratégiques 169
3. Chaînes de valeur émergentes : opportunités et limites 169
3.1. Agro-industrie : principale chaîne de valeur en émergence 169
3.2. Textile, cuir et bétail–viande 170
3.3. Filière matériaux de construction 170
3.4. Chimie légère et métallurgie 170
4. ZLECAF et intégration régionale : un levier décisif pour l'industrie malienne 170
4.1. ZLECAf : un marché de 1,3 milliard de consommateurs 170
4.2. Opportunités pour le Mali 171
4.3. Contraintes d'intégration 171
4.4. Conditions de compétitivité dans la ZLECAf 171

SECTION 4 : PERSPECTIVES INDUSTRIELLES, COMPÉTITIVITÉ ET INTÉGRATION RÉGIONALE ... 172
1. Analyse prospective : défis et potentiel industriel (2025–2040) 173
1.1. Les tendances mondiales qui redéfinissent l'industrie 173
1.2. Les secteurs où le Mali peut gagner en compétitivité 174
2. Recommandations stratégiques pour la compétitivité industrielle 175
2.1. Recommandations macroéconomiques (niveau national) 175
2.2. Recommandations méso-économiques (écosystèmes et territoires) 175
2.3. Recommandations micro-économiques (entreprises) 176
3. Plan opérationnel national d'industrialisation (2025–2040) 177
4. Scénarios prospectifs (2030–2040) 177
5. Risques et mesures d'atténuation 178
5.1. Principaux risques : 178
5.2. Mesures : 178
6. Cadre de gouvernance 178

6.1. Création de l'Agence Nationale de l'Industrialisation et des Parcs (ANIP-Mali) 178
6.2. Conseil National de Compétitivité Industrielle (CNCI) 179

PARTIE III : FINANCEMENT, CAPITAL HUMAIN ET TRANSFORMATION STRUCTURELLE 181

CHAPITRE 7 : BANQUE, FINANCE ET INCLUSION FINANCIÈRE 183

SECTION 1 : STRUCTURE DU SYSTÈME FINANCIER MALIEN 183
1. Banques commerciales 183
1.1. Poids des banques dans l'économie 183
1.2. Concentration du marché et risques 184
1.3. Contraintes internes structurelles 184
1.4. Le rôle des banques dans la création monétaire 184
2. Microfinance et systèmes financiers décentralisés 185
2.1. Poids des SFD dans le financement des ménages 185
2.2. Contraintes structurelles des SFD 185
2.3. Contribution potentielle à la transformation structurelle 186
3. Fintech et mobile money 186
3.1. Explosion du mobile money 186
3.2. Contribution à l'inclusion financière 187
4. Interactions entre banques, microfinance et fintech 187
4.1. Complémentarités possibles 187
4.2. Vers un écosystème intégré 188

SECTION 2 : RISQUES ET CONTRAINTES DU SYSTEME FINANCIER MALIEN 189
1. Coût du crédit 189
1.1. Niveau élevé des taux d'intérêt 189
1.2. Les déterminants du coût du crédit 190
1.2.1. Risque perçu élevé par les banques 190
1.2.2. Coûts de fonctionnement bancaire 190
1.2.3. Politique monétaire restrictive 190
1.2.4. Absence de marché financier profond 190
1.3. Effets sur les secteurs productifs 191
1.3.1. Agriculture 191

1.3.2. Industrie manufacturière 191
1.3.3. PME / Startups 191
2. Collatéraux et garanties 191
2.1. Importance excessive des garanties réelles 191
2.2. Limites du système actuel de garanties 191
2.3. Absence de registre national numérique des garanties 192
2.4. Fonds de garantie insuffisants 192
2.5. Microfinance : pression excessive sur les garanties 192
2.6. Solutions structurelles possibles 192
3. Risques systémiques 193
3.1. Risques macroéconomiques 193
3.1.1. Dépendance au franc CFA et au régime de change fixe 193
3.1.2. Faible diversification économique 193
3.1.3. Déficit de financement du secteur productif 193
3.2. Risques sécuritaires et politiques 193
3.3. Risques bancaires internes 194
4. Surliquidité paradoxale 194
4.1. Risques liés aux FinTech et au mobile money 194
4.2. Risques systémiques régionaux (UEMOA) 194

SECTION 3 : FINANCEMENT SECTORIEL 195
1. Financement de l'agro-industrie 196
1.1. Importance stratégique du secteur 196
1.2. Faible part du crédit bancaire 196
1.3. Contraintes clés au financement de l'agro-industrie 196
1.3.1. Risques climatiques et de production 196
1.3.2. Manque d'infrastructures de transformation 197
1.3.3. Informalité et documentation insuffisante 197
1.3.4. Garanties inadaptées 197
1.4. Rôles des institutions financières spécialisées 197
1.4.1. BNDA (Banque Nationale de Développement Agricole) 197
1.4.2. Fonds de développement agricole 197
1.4.3. Assurances agricoles 198
1.5. Besoins de financement du secteur agro-industriel 198
1.6. Solutions structurelles potentielles 198
2. Financement de l'industrie manufacturière 198
2.1. Structure industrielle et besoins financiers 198

2.2. Contraintes spécifiques au financement industriel 199
2.3. Instruments actuels disponibles 199
2.4. Solutions structurelles recommandées 200
3. Financement des pme et start-ups 200
3.1. Importance économique 200
3.2. Contraintes majeures au financement 200
3.3. Entrepreneuriat technologique et financement 201
3.4. Solutions de financement des PME 201
3.5. Rôle du digital dans l'inclusion 202

SECTION 4 : INCLUSION FINANCIÈRE, TRANSFORMATION NUMÉRIQUE ET POLITIQUES PUBLIQUES 202

1. Dynamique de l'inclusion financière au Mali 203
1.1. Taux d'inclusion financière : tendances récentes 203
1.2. Déterminants structurels de la faible inclusion 204
1.2.1. Coût des services financiers 204
1.2.2. Distance physique et inégalités géographiques 204
1.2.3. Faible littératie financière 204
1.2.4. Poids de l'informel 204
2. Transformation numérique du système financier 204
2.1. L'essor du mobile money 204
2.2. Digitalisation des services financiers 205
2.3. FinTech et innovation 205
3. Reforme publiques d'inclusion financière 206
3.1. La Stratégie Nationale d'Inclusion Financière 206
3.2. Réformes structurantes en cours 206
4. Inclusion financière des femmes et jeunes 206
4.1. Situation actuelle 206
4.2. Programmes dédiés 207
5. Les infrastructures numériques et leur impact 207
6. Perspectives et conditions de succès 207

CHAPITRE 8 : LE SECTEUR INFORMEL, DYNAMIQUES ET PRODUCTIVITÉ 209

SECTION 1 : TYPOLOGIE DU SECTEUR INFORMEL EN AFRIQUE DE L'OUEST ET AU MALI 209

1. Typologie du secteur informel 210
1.1. Le commerce informel : le cœur battant de l'économie urbaine 210

1.1.1. Poids économique 210
1.2. Facteurs d'expansion 210
1.3. Contraintes majeures 211
2. L'artisanat : un secteur à forte intensité de main-d'œuvre 211
2.1. Structure 211
2.2. Principales activités 211
2.3. Caractéristiques économiques 211
2.4. Contraintes 211
3. Les services informels : un secteur en rapide mutation 212
3.1. Composition 212
3.2. Dynamique d'innovation 212
3.3. Vulnérabilités 212
4. Le transport informel : la colonne vertébrale de la mobilité urbaine et rurale 212
4.1. Rôle dans l'économie 212
4.2. Problèmes structurels 213
4.3. Apports économiques 213
SECTION 2 : PRODUCTIVITÉ ET FISCALITÉ DU SECTEUR INFORMEL 214
1. Mesure de la productivité informelle 214
1.1. Les défis méthodologiques de la mesure 214
1.1.1. Approche par la valeur ajoutée imputée 214
1.1.2. Approche par la productivité du travail 215
1.1.3. Approche par capital fixe et capital humain 215
1.2. Comparaison régionale : Afrique – Asie – Amérique latine 215
1.3. Productivité par segment 216
1.3.1. Commerce informel 216
1.3.2. Artisanat 216
1.3.3. Services 216
1.3.4. Transport informel 216
1.4. Le rôle des technologies dans la productivité informelle 216
1.4.1. Téléphonie mobile 216
1.4.2. Numérisation des services 217
2. Pression fiscale et parafiscale 217
2.1. L'informel contribue peu à la fiscalité : 217

2.1.1. L'informalité de droit 217
2.1.2. L'informalité de fait 217
2.2. Pression fiscale potentielle versus réelle 217
2.3. Parafiscalité : un coût invisible mais déterminant 218
2.3.1. Taxation informelle "non officielle" 218
2.3.2. Coûts d'enregistrement 218
2.3.3. Para-administratif 218
2.4. Les défis de la formalisation fiscale 218
2.4.1. Le coût fixe de la formalisation 218
2.4.2. Les modèles africains de fiscalité simplifiée 218
3. Le rôle social du secteur informel 219
3.1. Un amortisseur social 219
3.2. Filets sociaux informels 219
3.2.1. Solidarité familiale 219
3.2.2. Réseaux professionnels (corporations communautaires) 219
3.2.3. Tontines et épargne informelle 219
3.3. Informel et résilience des ménages 220
3.4. Informel et cohésion sociale 220
3.4.1. Identité professionnelle 220
3.4.2. Réduction de la criminalité 220
3.4.3. Participation économique féminine 220

SECTION 3 : TRANSITION VERS LE FORMEL : OBSTACLES, STRATÉGIES GRADUELLES ET PROTECTION SOCIALE MINIMALISTE 220
1. Obstacles institutionnels à la formalisation 220
1.1. Complexité administrative et coûts de formalisation 221
1.2. Fiscalité perçue comme punitive 221
1.3. Gouvernance défaillante et faible crédibilité des institutions 222
1.4. Faiblesse de la protection sociale formelle 222
1.5. Contraintes structurelles : financement, productivité et capital humain 222
2. Approches graduelles de transition vers le formel 223
2.1. Approche 1 : Formalisation progressive par étapes (sequenced formalization) 223
2.2. Approche 2 : Régimes fiscaux adaptés 223

2.3. Approche 3 : Formalisation territorialisée (marchés, transports, artisanat) 224
2.4. Approche 4 : Accès au crédit comme outil de formalisation 224
2.5. Approche 5 : Substitution progressive de la protection traditionnelle par la protection sociale formelle 225
3. Mise en place d'une protection sociale minimaliste pour travailleurs informels 225
3.1. Fondement théorique : sécurité économique et productivité 225
3.2. Un système contributif ultra-simplifié 225
3.3. Intégration des tontines, associations et coopératives comme vecteurs 226
3.4. Filets sociaux productifs 226
4. Vers une stratégie nationale de formalisation inclusive 226

SECTION 4 : VERS UNE FORMALISATION PRODUCTIVE, POLITIQUES PUBLIQUES, NUMÉRISATION ET GOUVERNANCE 227
1. Modernisation numérique et registres intelligents : fondement d'une gouvernance de l'informel 227
1.1. Identité numérique et registre unique de l'entreprise 227
1.2. Digitalisation des paiements : outil de traçabilité et de fiscalité intelligente 228
1.3. Registres sectoriels digitalisés 228
2. Politiques publiques adaptées : institutionnalisation de l'informel productif 229
2.1. Reconnaissance juridique de l'entreprise informelle ... 229
2.2. Fiscalité intelligente et proportionnée 229
2.3. Réduction des barrières administratives 230
3. Infrastructures économiques et organisation territoriale 230
3.1. Modernisation des marchés et hubs artisanaux 230
3.2. Zones d'appui à la productivité artisanale 231
3.3. Gouvernance locale et autorités traditionnelles 231
4. Les moteurs structurels d'une économie informelle productive 231

4.1. Innovation, micro-industrialisation et mécanisation 232
4.2. Relations avec le secteur formel : sous-traitance locale 232
4.3. Rôle central du capital humain 232
5. Vers une stratégie nationale de transformation productive du secteur informel 233

CHAPITRE 9 : ÉCONOMIE DE L'ÉDUCATION ET PERSPECTIVES DE TRANSFORMATION 235

SECTION 1 : Rendements de l'éducation : emploi, salaires et compétences productives 235
1. Rendements privés et sociaux de l'éducation : cadre théorique 235
1.1. Les rendements privés : emploi, salaires et insertion professionnelle 235
1.1.1. Employment premium (primes d'employabilité) 235
1.1.2. Earnings premium (primes salariales) 236
1.2. Rendements par niveau d'éducation au Mali :. 236
2. Productivité du capital humain et croissance économique 237
2.1. Compétences productives et économie de la connaissance 237
2.2. Rendements sociaux : externalités positives :.. 237
3. Rendements sectoriels de l'éducation dans l'économie malienne 238
3.1. Rendements pour l'agriculture et l'agro-industrie 238
3.2. Rendements pour l'industrie manufacturière 238
3.3. Rendements dans le numérique et les services. 238
4. Analyse macroéconomique : modèles de croissance et capital humain 239
4.1. Modèle de Lucas (1988) 239
4.2. Modèle de Romer (1990) 239
4.3. Simulations pour le Mali 239
5. Contraintes majeures qui limitent les rendements de l'éducation au Mali 239

SECTION 2 : GOUVERNANCE ET EFFICACITÉ DU SYSTÈME ÉDUCATIF 240
1. Performance scolaire 240

1.1. Une crise persistante de l'apprentissage : état des lieux 240
1.2. Les causes structurelles : 241
1.3. Indicateurs d'efficacité institutionnelle 241
1.4. Enseignants : pilier ou talon d'Achille ? 242
2. Défis régionaux 242
2.1. Inégalités régionales extrêmes 242
2.2. Écarts d'accès à l'éducation : 242
2.3. La fermeture des écoles 243
2.4. Infrastructures scolaires : un déficit massif 243
3. Gestion du budget de l'éducation 243
3.1. Volume du financement 243
3.2. Poids du budget éducatif dans le PIB 244
3.3. Structure du budget 244
3.4. Inefficacités et pertes 244
4. Limites de la gouvernance actuelle 244
4.1. Fragmentation institutionnelle et absence de pilotage stratégique 244
4.2. Absence de vision à long terme 245
4.3. Gouvernance locale faible 245
4.4. Le défi de la redevabilité 246
5. Analyse professionnelle des facteurs d'efficacité (approche économique) 246
5.1. Efficacité allocative (allocation optimale du budget) 246
5.2. Efficacité technique (capacité à produire des résultats) 247
5.3. Efficacité productive (relation coût/résultat) 247
6. Les acteurs du système : responsabilités, limites et contraintes 247
6.1. L'État 247
6.2. Les enseignants 248
6.3. Les partenaires techniques et financiers 248
6.4. Les parents et communautés 248
7. Digitalisation et modernisation du pilotage 248
7.1. Le Mali accuse un retard critique 248
7.2. Outils numériques nécessaires 249
7.3. Réformes prioritaires de gouvernance numérique 249

SECTION 3 : RÉFORMES PRIORITAIRES DE L'ÉCONOMIE DE L'ÉDUCATION AU MALI 250
1. Des réformes profondes : une nécessité économique et sociétale 250
2. Alignement Compétences – Besoins Industriels 250
2.1. Comprendre le déficit de compétences 250
2.2. Outils de correction : le modèle « Compétences – Marché » 251
2.2.1. Les conseils sectoriels de compétences 251
2.2.2. Les « référentiels emploi–formation » (REF) 251
2.2.3. L'apprentissage dual 251
2.3. Secteurs prioritaires identifiés pour l'alignement 252
2.3.1. Agro-industrie 252
2.3.2. Énergie et solaire 252
2.3.3. BTP, matériaux et infrastructure 252
2.3.4. Industrie manufacturière 252
2.3.5. Numérique et télécommunications 252
3. Centres techniques, écoles professionnelles et formation TVET 252
3.1. Urgence de transformer le modèle académique 252
3.2. Transformations nécessaires 253
3.2.1. Création de centres techniques régionaux 253
3.2.2. Modernisation des écoles professionnelles 253
3.2.3. Partenariats public–privé 253
3.2.4. Certificat professionnel national (CPN) 253
3.3. Réorientation stratégique : 254
4. Digitalisation éducative : accélérateur systémique 254
4.1. Le numérique 254
4.2. Politiques prioritaires 254
4.2.1. Plateformes nationales d'apprentissage 254
4.2.2. Formation numérique des enseignants 254
4.2.3. Classes numériques 255
4.2.4. Écoles virtuelles régionales 255
4.3. Infrastructures numériques éducatives 255

SECTION 4 : ÉCONOMIE DES INFRASTRUCTURES ÉDUCATIVES : 255
1. Une politique d'infrastructures éducatives 255
2. Enjeux macroéconomiques : l'éducation comme infrastructure productive 256

3. La crise des infrastructures éducatives : un handicap structurel 256
3.1. Infrastructures insuffisantes 256
3.2. Infrastructures inadaptées 256
3.3. Infrastructures inéquitables 257
4. Vers une nouvelle conception des « services publics éducatifs » 257
4.1. Tarification optimale : 257
4.2. Réforme structurelle interne 257
4.3. Rémunération fondée sur la performance 257
5. Mettre l'infrastructure éducative au cœur de la transformation 258
5.1. Programme national de reconstruction éducative (PNRE) 258
5.2. Gestion publique intégrée 258
5.3. Culture économique et gouvernance éducative 258
6. Perspectives dynamiques : l'école comme moteur de la cohésion nationale 258

CONCLUSION 261
BIBLIOGRAPHIE 267
POSTFACE 289
TABLE DES MATIERES 293

Structures éditoriales du groupe L'Harmattan

L'Harmattan Italie
Via degli Artisti, 15
10124 Torino
harmattan.italia@gmail.com

L'Harmattan Hongrie
Kossuth l. u. 14-16.
1053 Budapest
harmattan@harmattan.hu

L'Harmattan Sénégal
10 VDN SICAP AMITIE 3
BP 45034 Dakar-Fann
direction@senharmattan.com

L'Harmattan Cameroun
Tsinga/Derrière polyclinique FECAFOOT
BP 11486 Yaoundé
Jacques.koukam@harmattan.fr

L'Harmattan Burkina Faso
Villa 281, secteur 23 623, rue 14.32
Ouagadougou
zagbie@outlook.fr

L'Harmattan Guinée
Almamya, rue KA 028 OKB Agency
BP 3470 Conakry
harmattanguinee@yahoo.fr

L'Harmattan RDC
185, avenue Nyangwe
Commune de Lingwala – Kinshasa
matangilamusadila@yahoo.fr

L'Harmattan Congo
219, avenue Nelson Mandela
BP 2874 Brazzaville
deunovmikhael@gmail.com

L'Harmattan Mali
Immeuble Mgr Jean Marie Cissé
Aci Hamadallaye
BP 145 Bamako
syllaka@yahoo.fr

L'Harmattan Togo
Djidjole – Maison Amela
face EPP BATOME
02 BP 20680 Lomé
didieramela11@gmail.com

L'Harmattan Côte d'Ivoire
Résidence Karl – Cité des Arts
Abidjan-Cocody
03 BP 1588 Abidjan
harmattan.ivoire@gmail.com

L'Harmattan Bénin
Rue 604, (Immeuble à l'entrée
de la rue UCAO- Cite de Saint-Jean)
Cotonou
stepcorpus@gmail.com

Nos librairies en France

Librairie internationale
16, rue des Écoles
75005 Paris
librairie.internationale@harmattan.fr
01 40 46 79 11
www.librairieharmattan.com

Librairie des savoirs
21, rue des Écoles
75005 Paris
librairie.sh@harmattan.fr
01 46 34 13 71
www.librairieharmattansh.com

www.ingramcontent.com/pod-product-compliance
Lightning Source LLC
LaVergne TN
LVHW011447061026
849535LV00004BA/994
* 9 7 8 2 3 3 6 6 0 2 8 2 0 *